Navidad
El abrazo de Dios

Ermes Ronchi

Navidad
El abrazo de Dios

Paulinas

Las citas bíblicas son de La Santa Biblia de la editorial San Pablo.

Título original: *Natale. L'abbraccio di Dio.*

Traducido por: María Jesús García González.
Imagen de cubierta: Liane Metzler.
Diseño de cubierta: Alba Cosío Velasco.

© PAULINAS 2024
Carril del Conde, 62 - 28043 Madrid
Tel.: 91 721 89 84 - Fax: 91 759 02 04
E-mail: editorial@paulinas.es
www.paulinas.es

PAOLINE Editoriale Libri
© FIGLIE DI SAN PAOLO, 2011

ISBN: 978-84-19408-39-6
Depósito Legal: M-19727-2024

Impreso por Gar.Vi. 28970 Humanes (Madrid).
Printed in Spain. Impreso en España.

Introducción

Un abrazo que salva

En Navidad, la Palabra es un niño que no sabe hablar. El Eterno es un recién nacido, apenas el amanecer de una vida. Un recién nacido no puede tener miedo: confía, vive solo si alguien le ama y cuida de él. Como todo recién nacido, Jesús vivirá solamente porque es amado.

Volvemos al centro del misterio: el nacimiento de Jesús marca un hito en el camino hacia el encuentro con Dios. Durante milenios, los seres humanos han buscado su rostro, se han puesto a la escucha de una palabra suya, atentos al ensordecedor estruendo de la tempestad y al soplo de una brisa ligera. Y de pronto el cielo se rasga y ocurre lo imposible. Y ocurre de la manera más impensable para la humanidad.

Un niño envuelto en pañales y colocado en un pesebre. Un signo normal, incluso trivial, da testimonio de que Dios ha venido, de que ha asumido la fragilidad como rasgo de su estar entre nosotros, de su caminar a nuestro lado, como revelación del Padre.

Nuestros esquemas se han roto. Dios es el infinitamente pequeño, su palabra es el llanto de un recién nacido que confía en un rostro que le sonríe, en una mano que le acaricia, en un pecho que le alimenta. Esta es la única indicación que se les da a los pastores –y a nosotros– para que lo reconozcan.

Al igual que los pastores, también nosotros debemos ponernos ante ese pesebre, nueva arca que custodia el misterio, con una mirada nueva capaz de ver lo que aparentemente no está allí, porque ahí está en juego nuestra propia coherencia.

De Nazaret a Nazaret pasa nuestra oportunidad de encontrarnos con el rostro de Dios: desde un ángel que habla a una virgen hasta la cotidianidad de treinta años pasados en silencio. Pero pasando por Belén, por un pesebre que proclama algo inaudito: la encarnación de Dios, su abrazo que salva.

Gran parte de la teología ha interpretado la salvación de la humanidad como el rescate de la caída, la eliminación del pecado, la remisión de la deuda, que Cristo consiguió al precio de su cruz.

Pero siguiendo las huellas de la comunidad de Juan, otra interpretación minoritaria, defendida en particular por Ireneo de Lyon, dejó varias huellas interesantes en la historia, en especial en la liturgia, al afirmar: la salvación está en Navidad. Y nos ha dejado algunos ejemplos.

En la misa de la vigilia de Navidad la aclamación al Evangelio proclama: «Mañana será destruido el pecado de la tierra». Destruido el pecado por el solo nacimiento de Jesús. Al igual que la luz destruye las tinieblas, la primavera destruye el invierno y el jardín la estepa.

Ocurrirá mañana, mucho antes de Pascua, en un pesebre, y no en una cruz, en un niño que no hace nada más que llorar, respirar y agarrarse al pecho. Pero que salva. Como si ya la encarnación, la entrada del Verbo en la carne, hubiese cambiado la composición de la carne, la densidad de la tierra, la dirección de la historia, el corazón del pecado.

En Navidad, en la misa del día, la antífona de comunión dice: «Todos verán la salvación de nuestro Dios». La presenciaron en la noche de Belén, y era un niño tumbado en un pesebre, no en el sepulcro. Vieron la salvación ya presente y realizada: Dios ha llegado hasta la humanidad, ya nadie está perdido, porque nadie está fuera de Dios, nadie puede irse tan lejos que caiga fuera de su abrazo.

Todavía en la misa del día, la colecta dice: «Concédenos compartir la vida divina de tu Hijo, como él compartió nuestra condición humana». La salvación es este intercambio, esta ósmosis, esta transferencia de vida que acontece en Navidad. El Espíritu se hace carne para que la carne pueda hacerse espíritu.

El establo de Belén soy yo, esta tienda de barro mía es la gruta de la navidad perpetua, ininterrumpida, del Hijo de Dios.

Cristo nace como hijo de la tierra para que yo nazca como hijo del cielo: «A todos los que lo reciben les da el ser hijos de Dios» (Jn 1,12). Es el poder que emana de la sola encarnación.

El prólogo del evangelio de Juan, un canto magnífico, dice: «La Palabra se hizo carne» (Jn 1,14). No dice que la Palabra se hizo *Jesús* de Nazaret; no se dice ni siquiera que la Palabra se hizo *hombre*; no, mucho más: la Palabra se hizo *carne*, esta carne frágil, inquieta y turbulenta que es la nuestra.

El alfarero del Edén, que había modelado a la criatura humana con un poco de barro, se hizo, él mismo, barro de este recipiente; no solo entró en la humanidad, en la carne de todo hombre y toda mujer, como algo añadido o un elemento extraño superpuesto, sino que se dice que se convirtió, que se *hizo*, esa carne. No solo entró en mí, ¡sino que se hizo yo! Si Dios está en mí, si forma parte de mí, como la parte más profunda, como mi respiración y mi sueño, yo me convierto en otro, soy sustancialmente diferente.

«Hombre, sé consciente de lo que eres [...] Considera tu dignidad real: llevas a Dios en ti» (Gregorio de Nisa). Como parte de ti, la parte mejor. Sin Navidad yo no existo. Lo concreto de la humanidad es la divinidad en nosotros. Lo que hace que el ser humano sea humano es el aliento de Dios en él, la encarnación de la Palabra, el viento del Espíritu.

Un acontecimiento que no está nunca consumado del todo. La Palabra se encarna continuamente: como luz en las tinieblas, como levadura en la masa, como la pizca de sal que da sabor a todo el plato, como el amor en todo amor. Y no se distingue ya la levadura del pan.

Se hace carne, y lo percibo como una fuerza de atracción hacia arriba, fuerza de gravedad hacia el cielo, que impulsa hacia adelante, fuerza vertical que alienta hacia arriba.

Encarnación significa *salvación*. La salvación es Jesús que ha venido en la carne, como levadura templada y poderosa de toda vida, como un fragmento de mí mismo, no como algo extraño añadido. Cristo está en mí y en todas las criaturas como fuerza ascensional hacia una vida más luminosa. Todo creyente es entonces un Cristo incipiente, un Cristo inicial e incompleto: «Yo no soy / todavía ni soy nunca / Cristo / pero soy esta / infinita posibilidad» (David Maria Turoldo).

La salvación es la infinita posibilidad de ser Cristo. A la humanización de Dios –en Dante– responde, paralelamente, la aproximación a Dios de la criatura humana.

«Divinizarse», bellísimo verbo de nuestro destino común, que los Padres orientales se atrevieron a llamar «la divinización del hombre».

Todo esto sucede, en Navidad, con el abrazo de Dios.

1
En la oscuridad
de un vientre

A los seis meses envió Dios al ángel Gabriel a una ciudad de Galilea, llamada Nazaret, a una joven virgen, prometida de un hombre descendiente de David, llamado José. La virgen se llamaba María. Entró donde ella estaba, y le dijo: «Alégrate, llena de gracia; el Señor está contigo». Ante estas palabras, María se turbó y se preguntaba qué significaría tal saludo. El ángel le dijo: «No tengas miedo, María, porque has encontrado gracia ante Dios. Concebirás y darás a luz un hijo, al que pondrás por nombre Jesús. Será grande y se le llamará Hijo del altísimo; el Señor le dará el trono de David, su padre; reinará sobre la casa de Jacob para siempre y su reino no tendrá fin». María dijo al ángel: «¿Cómo será esto, pues no tengo relaciones?». El ángel le contestó: «El Espíritu Santo vendrá sobre ti y el poder del Altísimo te cubrirá con su sombra; por eso el niño que nazca será santo y se le llamará Hijo de Dios. Mira, tu pariente

Isabel ha concebido también un hijo en su ancianidad, y la que se llamaba estéril está ya de seis meses, porque no hay nada imposible para Dios». María dijo: «Aquí está la esclava del Señor; hágase en mí según tu palabra». Y el ángel la dejó (Lc 1,26-38).

La Virgen María entra en la historia mientras está a la *escucha* de un ángel, y da el primer paso para aquellos que quieran entrar en una relación verdadera con las criaturas, seres humanos y ángeles: el arte de la escucha.

Nos enseña cómo hacer espacio en nuestra vida para que entre la luz. Hacer espacio a la luz que ha sabido crear un oasis de escucha: «El mayor logro en esta vida es permanecer en silencio y permitir así que Dios hable y obre en nuestro interior» (Maestro Eckhart). Es necesario mucho silencio para escuchar el estupefacto silencio de Dios.

Segundo momento: «Ante estas palabras, María se turbó». Un instante de confusión que, en nuestra vida, puede prolongarse durante años. Y aunque hayas dicho «sí» una vez, nunca estás a salvo de la confusión. Pero: «No tengas miedo, María». Dios entra en la vida, que está hecha también de turbación, de sentimientos confusos, y ofrece nuevas estrellas polares. Entra en la vida, aunque sea inadecuada.

¡O quizá precisamente por eso! No tengas miedo de tu debilidad, las personas nunca están del todo preparadas. Pero Dios salva.

Tercer momento: «¿Cómo será esto, pues no tengo relaciones?». Mientras Zacarías pedía una señal al ángel, María le pregunta por su sentido. Hacer preguntas es estar ante el Señor con toda la dignidad humana: acepto el misterio, pero también empleo toda mi inteligencia. Afirmo cuáles son mis caminos y luego acepto caminos que me superan. Pero advierto el peligro de hacer decir a Dios algo que no dice, y entonces pregunto y busco su sentido.

Finalmente aparece el estilo de Dios: «Te cubrirá con su sombra». El poder se hace sombra. El Altísimo se reviste de carne, casi se esconde, sombra sobre una joven, un temblor en su vientre. No lo encontraremos en el resplandor de las visiones, en el esplendor del templo, sino en la vida, que es un ánfora de sombras. En la oscuridad de un vientre yace la luz de la vida. «Solo su madre sabía que era hijo de un anuncio, de la semilla que estaba en la voz de un ángel» (Erri De Luca). Para entrar y habitar en la vida, Dios se reviste siempre de pobreza, de los panes humildes del siervo (Flp 2,6-7). No se impone, hay que buscarlo. Y solo podrá escucharlo y generarlo quien sepa vivir en sí mismo la tarea de ser siervo, como él: «Aquí está la esclava del Señor». La cercanía de Dios crea servicio. En toda la Biblia, en toda la historia. Inseparablemente, servicio a Dios y a la humanidad.

Todavía hoy el ángel nos repite las tres palabras esenciales: «No tengas miedo, vendrá el Señor y te llenará de vida». Y la esperanza es de una virgen embarazada de otro mundo. Solo las mujeres, las madres, conocen la espera: está grabada físicamente en su cuerpo. No se espera por una carencia, sino para una plenitud; no por una ausencia que haya que colmar, sino para una superabundancia de vida que es urgente. Se espera para generar: el viento del Espíritu hincha la vida.

De la periferia

Gabriel, Dios, Galilea, Nazaret, José, David, María. Siete nombres propios, de personas y lugares, abren el relato del anuncio, concentrándose en esta página.

Colocados al inicio, como señales de historicidad y de concretización, los siete nombres nos preparan de repente no para elaborar una teoría, sino para acoger una historia; para entrar en la cotidianidad, no para quedarse en lo extraordinario. Esos nombres nos indican que Dios prefiere el tiempo antes que el templo, que prefiere la casa antes que la sinagoga: son el relato del estilo de Dios, de su modo de obrar. La acción de Dios no se desarrolla fuera de la historia humana, no construye otra historia con personas creadas a propósito. Sino que está en el tejido ordinario de los acontecimientos, en un lugar concreto, en un momento concreto, con personas concretas. Tierra y carne, pero habitadas por el amor y por ángeles, por otros.

Dios toma este mundo tal como es y realiza en él su promesa. Pero partiendo desde la periferia.

María es la mujer de la periferia: mujer de Palestina, pequeña provincia periférica del Imperio romano. Mujer de Galilea, que es una región en los márgenes de Israel, casi el Líbano, casi Siria, región menor, casi herética.

Mujer de Nazaret, un pueblo que no se menciona nunca en la Biblia, una aldea sin importancia y sin historia, sin recuerdos, sin futuro. Mujer en una sociedad no favorable a las mujeres; mujer joven, cuando la autoridad estaba en manos de los ancianos; probablemente analfabeta, en una región que celebraba el culto de la Palabra escrita. Una joven que se encuentra embarazada antes de haberse ido a vivir con su marido, por obra de Otro.

La Virgen María procede de las afueras de las periferias, para decirnos que todos podemos identificarnos con ella porque no hay nadie que tenga menos que ella. Es el camino de los pobres de Israel, la vida privilegiada de Cristo y que él inaugura con su nacimiento en un establo, que proclama en la sinagoga de Israel: «He venido para anunciar una buena noticia a los pobres, a los cautivos, a los ciegos, a los oprimidos...»; un mesías que hace de un niño el arquetipo de su Reino, que prefiere a los últimos. Un Dios que empieza de nuevo desde los pequeños.

El esplendor de lo tenue

Un día cualquiera, en un lugar cualquiera, una joven cualquiera: la primera aparición de la paradoja del Evangelio es un anuncio de gracia comunicado en la intimidad, en la normalidad. Algo colosal acontece en la más absoluta cotidianidad, en el panorama desnudo de Nazaret, con rasgos pobres, sin testigos, lejos de las luces y de la emoción del templo.

Es hermoso pensar que Dios se nos acerca no solo en las liturgias solemnes de las catedrales, en las sinagogas o en las capillas, en las jornadas mundiales o en los días de retiro, sino también –y sobre todo– en la vida ordinaria, en la cotidianidad.

En los días ordinarios se nos permite esperar, de algún modo, la maravilla de Dios, cuando vio todas las cosas que había hecho y exclamó ante cada una de ellas: «¡Qué hermoso! (*hoti kalon!*)». La maravilla de Dios continúa en la belleza cotidiana de las criaturas, es por eso que Martin Heidegger denomina «el esplendor de lo tenue», «el brillo misterioso de lo humilde y escondido» (Davide Rondoni). A la joven de Nazaret se adapta perfectamente la idea del filósofo Heidegger (originalmente aplicada a la poesía): «Die Pracht des Schlichten», la belleza espléndida de lo humilde, el esplendor de lo tenue, del adam simple, fontal, originario, que sale desnudo y bellísimo de las manos de Dios, sueño aún sin contaminar: «Clavel silvestre / para ti no hay problema / en ser hijo del Señor» (Beno Fignon).

Los pobres no tienen historia, y también María elude por poco, gracias a su hijo, el anonimato de la historia. María no tiene la belleza de Venus para seducir, ni la de Isis, ni la de las diosas madre de las que está repleto el Mediterráneo antiguo; no tiene la belleza de una mujer de la corte, sino el rostro tenue de una joven campesina, pobre, analfabeta.

Un rostro «puro» en el sentido etimológico, en el sentido de que está vacío de todo lo que no es auténtico; un rostro virgen en cuanto un rostro vivo, original, desnudo, desprovisto de superestructuras, pobre. Dios puede entrar porque encuentra un vacío. «Ante el viento y el sol, lo mejor que puede hacer el aire es ser transparente. Frente al Espíritu, lo mejor que puede hacer el alma es ser pobre» (Simone Weil).

Hay una espléndida imagen de la mística sufí que describe la humildad del siervo de Dios como un reloj de arena que se vacía de alegría. La alegría de la pobreza surge de una certeza: el reloj de arena sabe que pronto, de repente, una mano le dará la vuelta.

El cuerpo tallado

La promesa del ángel es muy concreta y concisa: «Concebirás y darás a luz». La llegada de Dios transforma el cuerpo y la vida de María. También su cuerpo: sin el cuerpo de María, el ángel pierde forma, se convierte en gnosis o ideología o código moral.

El cuerpo de María es, en la historia, uno de los elementos de contacto de lo humano con lo divino. «María es uno de los lugares de encuentro entre la materialidad de nuestra vida y Dios. Por eso es tan importante» (Letizia Tomassone). Esto demuestra que el encuentro con Dios transforma, sobre todo, no la mente, sino el cuerpo y la vida. «La fe es una mano que te agarra las entrañas y te hace dar a luz» (Alda Merini), no un pensamiento abstracto. María es uno de los lugares donde se encuentran, se unen –como se juntan las páginas dispersas de un libro– la materialidad de la existencia de Dios. La única nota mariana de Pablo («nacido de mujer», Gal 4,4) garantiza este encuentro, en el que se conectan el aspecto visible y el invisible de la fe.

Lo divino no crece en nosotros disminuyendo lo humano. No es verdad que menos humanidad equivale a más divinidad. La verdad es precisamente lo contrario: *más Dios* equivale a *más yo*. Si no hubiera acontecido la Navidad, yo no existiría. Y quien encuentre a Dios encontrará la vida plena. En el fondo, «no nos interesa algo divino que no haga florecer lo humano» (Dietrich Bonhoeffer).

La promesa de Dios es muy concreta: transformar el cuerpo y la vida. Y en María se hace visible la vida transformada. «Los amigos de la esposa no ven lo que sucede en la intimidad con su esposo, pero cuando empieza a crecer el vientre de la esposa, intuyen lo que ha ocurrido en la intimidad de la cámara nupcial» (Simone Weil). Yo sé que tú has encontrado a Dios si vuelves transformado de ese encuentro.

Encontrarse con Dios cambia la vida, la hace fructífera. Lo que para nosotros es más difícil hoy es hacer visible lo que ocurre en nuestro encuentro con Dios. ¿Cuáles son los signos visibles del encuentro con Dios, de la transformación que se ha producido, de una vida habitada por él? Para que el Evangelio pueda ser creído necesita un anticipo corporal, necesita encarnarse en nuestras vidas, vidas marcadas, grabadas, talladas, impresas de la Palabra. Necesita testigos, mártires. No porque sean ellos quienes pueden hacer creíble el Evangelio, sino porque todos tenemos el terrible poder de restar credibilidad al anuncio dando un testimonio contrario a él.

Hemos de permitir que la Palabra se convierta en cuerpo y mueva nuestras manos, nuestros ojos, nuestros gestos. Que los mueva de una forma nueva, vinculada a la paz, a la justicia, a la ternura.

María es la testigo autorizada de que Dios está en la vida y la transforma.

Que, al final, lo sagrado y lo real convergen.

Los asuntos del amor

María está desposada, es invitada a la vida. La joven ha entrado en la dinámica del amor y por eso ahora su vida se ha vuelto real y tangible. Porque toda llamada de amor es una invitación a la vida, a ese lugar misterioso donde la vida celebra su fiesta.

El amor requiere eternidad e interpela la razón de la existencia. Christos Yannaras, en su libro *Variaciones sobre el Cantar de los cantares*, escribe:

Si has estado enamorado alguna vez, sabrás ya distinguir entre la vida y lo que es soporte biológico y sentimentalismo, sabrás ya distinguir entre vivir y sobrevivir. Sabrás que sobrevivir es vivir sin sentido y sensibilidad, es una muerte servil; comes pan, pero no te mantienes en pie, bebes agua, pero no sacias tu sed, tocas las cosas, pero no las palpas, hueles las flores, pero su perfume no llega a tu alma. Pero si tu amado está junto a ti, todo recobra vida y te inunda con tal fuerza que percibes que el recipiente de barro que eres es tan frágil que no puede contenerla. Esta plenitud de vida es el amor... Y no es privilegio de los virtuosos o los sabios, sino que se ofrece a todos, con las mismas posibilidades. Y es el único anticipo del Reino, la única superación de la muerte. Porque solo si sales de ti mismo, aunque sea a través de los hermosos ojos de una gitana, sabes lo que le pides a Dios y por qué le persigues.

Quizá por ello la palabra «Dios» se conjuga siempre con la palabra «amor». El amor no es solo una experiencia humana. Si hay algo en la Tierra que abra la vida a la trascendencia, ese algo es el amor.

María está abierta a la trascendencia precisamente porque es una joven desposada, prometida en matrimonio, porque ya ha entrado en los asuntos del amor. Y precisamente porque está enamorada puede captar el mensaje del Absoluto.

2
¡Magnificat!

Unos días después María se dirigió presurosa a la montaña, a una ciudad de Judá. Entró en casa de Zacarías y saludó a Isabel. Cuando Isabel oyó el saludo de María, el niño saltó en su seno e Isabel quedó llena del Espíritu Santo. Y dijo alzando la voz: «¡Bendita tú entre las mujeres y bendito el fruto de tu vientre! ¿Y cómo es que la madre de mi Señor viene a mí? Tan pronto como tu saludo sonó en mis oídos, el niño saltó de alegría en mi seno. ¡Dichosa tú que has creído que se cumplirán las cosas que te ha dicho el Señor!». María dijo:

> *«Mi alma glorifica al Señor*
> *y mi espíritu se regocija en Dios,*
> *mi salvador,*
> *porque se ha fijado en la humilde*
> *condición de su esclava.*
> *Desde ahora me llamarán dichosa*
> *todas las generaciones,*
> *porque el todopoderoso*

ha hecho conmigo cosas grandes,
su nombre es santo;
su misericordia
de generación en generación
para todos sus fieles.
Ha desplegado
la fuerza de su brazo,
ha destruido los planes
de los soberbios,
ha derribado
a los poderosos de sus tronos
y ha encumbrado a los humildes;
ha colmado de bienes
a los hambrientos
y despedido a los ricos
con las manos vacías.
Ha socorrido a su siervo Israel,
acordándose de su misericordia,
como había prometido a nuestros padres,
en favor de Abrahán
y su descendencia
para siempre».

María estuvo con ella unos tres meses y se volvió a su casa (Lc 1,39-56).

María salió de su casa natal, comenzó su viaje, metáfora de todos los viajes del alma y de la vida misma. Cuando abres el alma a Dios, no debes demorarte más.

La dinámica de la existencia va desde el interior hasta el exterior, desde la casa hasta el mundo, desde el yo hasta el espacio de los afectos y las relaciones.

La partida «apresurada» de María revela en la joven el valor de seguir la aventura de la vocación, de dejarse llevar por su futuro. María basa su viaje, no en sus necesidades o en sus temores, sino más bien en un proyecto.

Organiza su mundo no para responder a las necesidades básicas de la vida, sino para mostrar que la necesidad esencial de la vida es que no se vive sin misterio, que no se vive solo de pan, sino también de las palabras de un ángel, que el secreto de la vida está más allá de nosotros.

Al acompañar a María en su viaje de fe, pasando con ella de una casa a la otra, nos damos cuenta de hasta qué punto el Evangelio acontece en las calles y casas de Palestina, nos damos cuenta de que la historia de Jesús está ambientada en las casas –y en ríos y lagos, en calles y aldeas, en montes y en el desierto...– mucho más que en sinagogas y en templos; nos damos cuenta de que la casa y los espacios «profanos» son los lugares donde tiene lugar la salvación, y que la vida cotidiana es la masa a la que se añade la levadura del Evangelio.

Espiritualidad del viaje

¡Cuánto me gusta la libertad de María! Libertad para partir con premura, para no dejarse condicionar por nada, para hacer algo que un minuto antes estaba lejísimos de sus proyectos.

Libre como un pájaro en el cielo, como una flor silvestre, como un lirio del campo que recibe el polen cuando sopla el viento, que toma el sol y el agua simplemente cuando llegan. ¡Cuánto me gusta esta capacidad de vivir la vida como si fuese un continuo germinar, una vida hecha de brotes! Pero así son todas las vidas: no son un libro ya escrito, ni un proyecto que seguir, completo, compacto, arduo, sino un inventar caminos y cuidar de los retoños.

¡Cuánto me gusta esta vida de María, en la que nada está prestablecido! Donde la vida germina libre y feliz. ¡*Magnificat!* Fortalece tanto imaginar la vida como un sistema abierto y no como un sistema cerrado. Imaginar la vida, la fe, la Iglesia, Dios mismo, como campos abiertos. A esto nos ayuda una joven en camino por los montes de Judá.

Su espiritualidad no consiste en una contemplación narcisista de sí misma o de sus emociones, sino en querer captar lo que acontece a su alrededor, bajo el impulso de la palabra de Dios, y en querer participar del misterio revelado por el ángel.

La vida según el Espíritu no se alimenta de un análisis autorreferencial del alma, sino de un viaje incansable hacia lo que proporciona profundidad, conocimiento, riqueza para nuestra vida, hacia contrastes y encuentros, en busca de los rostros de Dios que aparecen y se revelan en nuestras relaciones.

María es una joven con poca experiencia y se encamina hacia su pariente, de mayor edad, que está rebosante de vida, rebosante de esperanza, rebosante de Sagrada Escritura, una mujer que será la profetisa de Dios, que la ayudará a comprender qué le está sucediendo. La ayudará con su experiencia, con cariño, comparando sus dos maternidades imposibles. Casi como una *lectio divina* a dos voces.

«María estuvo con ella unos tres meses» (Lc 1,56). Como el arca del Señor de Israel en camino hacia Jerusalén. «David no quiso llevar el arca del Señor a su casa, a la ciudad de David, y la llevó a casa de

Obededón de Gat. El arca del Señor estuvo tres meses en casa de Obededón de Gat, y el Señor bendijo a Obededón y a toda su casa» (2Sam 6,10-11).

Se requiere calma para comprender la Palabra, hay que darle tiempo, esperarla y dedicarle atención. El misterio se convierte en alegría cuando le das tiempo. «El tiempo que has dedicado a tu rosa es lo que la hace importante» (Antoine de Saint-Exupéry). En la montaña, la Palabra es como la rosa.

Llevar consigo el Verbo

En ese viaje recorrido con premura, María lleva en su vientre la carne del Verbo. Camina llevando el Verbo consigo. Orígenes dice que este caminar, grávida de Dios, por los caminos del mundo es la imagen suprema de todo creyente. Es misión de todo bautizado «llevar el Verbo» (Orígenes, *Homilías sobre el Éxodo* 10,3), llevar a aquel que te lleva consigo, estar en camino con el Verbo hacia toda la humanidad…

La madre con su hijo en el vientre es, al mismo tiempo, una y dos. Dos vidas distintas y al mismo tiempo inseparables, unidad y división. «Quiero ser uno contigo» es la fórmula, muy sobria y sugerente, con la que los monjes armenios se entregan a Dios. En su núcleo más íntimo, la vida cristiana es ser una sola cosa con él.

Al comienzo está el vínculo: verdad de la historia de Dios en la Trinidad, verdad de la historia del ser humano: «Son los dos una sola carne» (Gén 2,24). «Esta es la riqueza sublime de este secreto […] Cristo entre vosotros» (Col 1,27). La riqueza del misterio es de una simplicidad deslumbrante: Cristo en mí.

Vuelven a tener eco las intensas palabras de san Agustín: «Este es el veneno oculto de vuestro error: hacer consistir la gracia de Cristo en su ejemplo y no en el don de su persona» (*Contra Julianum. Opus imperfectum*).

El espacio de los afectos

En su encuentro, María e Isabel se entienden antes incluso de hablar. Quizá porque el amor conoce, es en sí mismo conocimiento. Las dos mujeres entran en sintonía inmediata, en resonancia mutua, como las cuerdas de un laúd.

¿Qué sucedió? ¿Cómo es que llegaron a entender antes incluso de que las palabras se convirtiesen en relato? Una persona te permite cruzar el umbral de su secreto solo si la miras con ojos libres del deseo de competición o de seducción, solo si te has sacudido el polvo del orgullo y ofreces tu ternura madura. Así fue con María e Isabel. El Espíritu de fecundidad, que ambas conocieron como gracia en su carne, se convirtió entonces en Espíritu de comunicación, y el prolongado silencio de las dos mujeres (Isabel permaneció oculta durante cinco meses) estalló en canto a dos voces.

Dios viene a nuestro encuentro, sobre todo, en nuestra casa secreta, donde somos de verdad nosotros mismos, *solus ad Solum*, sin máscaras, donde somos personas, no personajes.

Pero inmediatamente después nos espera, con premura, en las relaciones positivas y fuertes; sale a nuestro encuentro en el entramado de nuestros afectos, está presente en los diálogos, en los encuentros, en la atenta reciprocidad, lo sentimos en la ternura inmerecida que alumbra nuestra casa, en los gestos de quien nos quiere, nos presta atención y nos escucha.

María, que se encamina con premura hacia la casa de Zacarías, todavía confusa por lo que le está ocurriendo, nos llama a no perder la polifonía de la existencia, a no descuidar ninguna de las relaciones en las que aflora el afecto, tanto el que damos como el que recibimos; nos llama a vivir correctamente todos los vínculos que generan la bondad de la existencia.

El *Magníficat*, elevadísimo modelo de oración, no nace en la soledad, sino en un espacio de afectos. Dios viene, y su advenimiento está mediado por hombres y mujeres, por encuentros, por diálogos. Puede que aquí en la tierra no haya ninguna experiencia de infinito que no esté vinculada a las relaciones entre personas. Toda existencia confirma que lo más importante bajo el sol son los vínculos.

«Bendita tú entre las mujeres»

Las palabras entre María e Isabel son las primeras palabras que se intercambian dos seres humanos en el evangelio de Lucas. En este primer diálogo entre personas, la primera palabra de Isabel es una bendición: bendita. «Bendita tú entre las mujeres». La bendición de Isabel se extiende a todas las mujeres, a todas las hijas de Eva, a todas las madres del mundo, a toda la humanidad femenina: a todos los fragmentos de María esparcidos por el mundo y que tienen el nombre de «mujer» se dirige esta bendición. Lo digo con las palabras de un gran místico, el padre Giovanni Vannucci:

A todos los fragmentos de María esparcidos por el mundo y que tienen el nombre de mujer se dirige hoy esta bendición de Isabel. Bendita tú, mujer, que quedes llena de gracia, que contigo esté el Espíritu del Señor, que sea bendito y bueno para los hermanos el fruto de tu vientre, que puedas pacificar la Tierra, reconciliar a los hermanos enemigos, desarmar a Caín, hacer revivir a Abel, llevar de nuevo a toda la Tierra al Padre en el amor del Hijo, en la gracia del Espíritu.

«Bendita tú», porque Dios bendice con la vida. Las madres son, pues, bendecidas en primer lugar. En el Evangelio profetizan las primeras madres. Y si un nacimiento es alegría, viene a nosotros el Dios de la alegría. Con María llega a casa el Dios de la alegría.

Debemos custodiar como un tesoro la primera palabra del primer diálogo del evangelio: «Bendita tú».

Y aprender también nosotros a bendecir, a decir bien, a buscar las palabras que más bondad encierran. Pero se trata de algo más que decir, es una fuerza de vida que procede de arriba, que invocamos junto a Dios, que desciende desde la primera bendición: «Dios los bendijo y les dijo: "Sed fecundos y multiplicaos"» (Gén 1,28). La bendición genera vida y crecimiento, hace surgir energía vital, acompaña a Adán y Eva fuera del Edén y llega hasta nosotros.

El primer paso para el encuentro con el misterio y con el corazón del prójimo es bendecir, es poder decir, en mi casa, a mi esposo, a mis hijos, a mi madre o a mi amigo: «Eres una bendición de Dios para mí, eres un don de Dios, eres la salvación que camina a mi lado».

Nunca seremos felices si no aprendemos a bendecir. Bendecir al Señor y a quien me ha dado la vida, bendecir a Dios y a quien me da amor, bendecir el sol y el agua, el fuego y el pan. Como los santos.

Un nuevo decálogo

La primera palabra que María pronuncia en la casa sobre la montaña es una palabra de alabanza. Modelo para los creyentes: hacia Dios, la primacía de la alabanza; hacia los hermanos y hermanas, la primacía de la bendición.

Las primeras oraciones cristianas nacen en torno a María: el *Magníficat*, la primera parte del *Avemaría*, el *Benedictus*, el *Gloria* de los ángeles en Belén, el cántico de Simeón. María hace nacer la oración. El auténtico devoto de María aprende entonces de ella a alabar y a bendecir, a liberar el corazón ante Dios, a hacer entrar en la oración la vida, los pobres y los hambrientos, a hacer de la oración la casa habitada de la historia de la humanidad. Aprender a orar como ella: esta es la verdadera devoción.

Más que orarle a ella, orar *como* ella.

¿De dónde nace la oración de María, este canto exultante? María comprendió a Dios, vio que Dios es un Dios enamorado y hace maravillas.

En diez ocasiones repite: «Es él quien se ha fijado, es él quien ha hecho, es él quien ha liberado, es él quien ha destruido, quien ha derribado, es él quien ha despedido con las manos vacías, es él quien ha colmado de bienes, es él…». Diez veces. La fe de María, la fe grande, la fe más grande, es la que coloca en el centro no lo que yo hago por Dios, sino lo que Dios hace por mí. En el corazón del cristianismo no están mis obras buenas o malas, sino las obras de Dios. La salvación no viene porque yo ame a Dios, sino porque Dios me ama a mí. En el centro del cristianismo hay, pues, un nuevo decálogo que no hace referencia ya a las obras humanas, sino que recoge diez acciones de un Dios apasionado, de un Dios que no hace sino considerar más importantes que él mismo a los hombres y mujeres.

De aquí deriva también una nueva ética, para que todos los sustantivos con los que se describe a Dios en la Biblia adquieran un valor imperativo para el ser humano. En la Sagrada Escritura, escribe Gerhard von Rad, no es Dios quien es antropomorfo, sino que son el hombre y la mujer quienes son teomorfos, quienes crecen a imagen y semejanza de su Creador, que adquieren la forma y las actitudes divinas.

Levedad

La Biblia se nos presenta repleta de personas de fe firme y poderosa. En María, no nos llama la atención su firmeza ni su seguridad, sino la levedad de su asombro.

Si escarbamos bajo sus palabras, no encontramos firmeza o solidez, sino una sensación de asombro perplejo, de interrogante ingenuo, como si estuviera con la boca abierta, contemplando una realidad inesperada, imprevista, sorprendente.

¿Qué es lo que asombra a María? El hecho de que ella, pequeña, insignificante, pueda engrandecer al Señor en su vida: «¡Yo "magnifico", yo engrandezco al Señor!». Dios es grande o pequeño a los ojos de la humanidad dependiendo de si esta pequeña criatura le abre espacio o le cierra las puertas de su existencia. El hecho de sentir que su vida es lo que ha recibido, un tejido de dones: «Ha hecho de mi vida un lugar de prodigios». Es un asombro agradecido. El misterio de la fe consiste en recibir o, más exactamente, en dejarnos transformar, transfigurar, impregnar por lo que recibimos cada día. Al recibir a Cristo en su interior, María lo ha recibido todo. Por eso, su gratitud es absoluta.

Es un asombro que procede del hecho de ver la realidad y la misma historia de un modo nuevo, casi como un maravillarse de la vida: la debilidad de las criaturas redimidas por el poder de un Dios que levanta, derriba, colma, vacía y tiene misericordia para siempre.

Nuestra condición de creyentes no es distinta de la de María, pero quizá nuestros ojos se han vuelto pobres y han dejado de saber ver, ya no tenemos la sensación de que nuestra vida es lo que hemos recibido, un cúmulo de dones. Y no solo el Evangelio, no solo el Espíritu, sino el día soleado de hoy, la tarde con los amigos, las palabras de ternura y el primer almendro en flor.

María no está solo sorprendida, no es solo especial, fascinante, sino que lo es también la vida de todo creyente que acepta llevar consigo el misterio de la obra de Dios, y la maravilla del don, eje central de la historia del alma.

Creyente alegre

La alegría de María, tan patente en el *Magníficat*, no procede de su temperamento, sino de una experiencia espiritual. No es María la que está alegre, es su fe, agradecida y asombrada. Nuestra generación está fascinada con los profetas, quizá incluso más que por los apóstoles: tenemos sed de profetas, hombres y mujeres de corazón enardecido, seguros de Dios; sed de palabras autorizadas y auténticas, que crean y hacen ser lo que tiene que ser. ¿El mayor elogio que se le puede dedicar a un predicador no es acaso decirle que es profético? Y probablemente sea justo que así sea, en una época de incesantes tragedias.

Pero hay que poner la duda en el corazón de los creyentes: que para la Iglesia de Jesucristo, para el Evangelio, una alegre María creyente puede ser más importante que un Juan Bautista que profetiza fuego y oscuridad. Puede que la sonrisa de la joven de Nazaret sea más constitutiva de la fe que las visiones, los oráculos y las voces atronadoras de quienes han marcado la historia de la espera.

Puede que sea el Señor quien nos recuerde que la seriedad, la tensión, la urgencia y el riesgo no son nada sin alegría. La alegría de María hace que la fe sea lo que es: acogida de un Dios enamorado en el que se puede confiar. A nosotros, que tanto nos gusta la seriedad y la concentración, María nos recuerda que la fe o es alegre o no es.

La fe verdadera, la del *Magníficat*. Porque lo que denominamos fe a veces no es sino miedo al misterio, y por eso es sombría, está angustiada, entretejida de sombras, y muy pocas veces serena, ligera, relajada, liviana, como lo fue la fe de aquella joven de Nazaret en los montes de Judá.

La verdadera forma de honrar a María no es engrandecerla, sino engrandecer con ella y como ella al Señor.

3
Dudas y sueños

El nacimiento de Jesucristo fue así: María, su madre, estaba desposada con José, y, antes de que vivieran juntos, se encontró encinta por virtud del Espíritu Santo. José, su marido, que era un hombre justo y no quería denunciarla, decidió dejarla en secreto. Estaba pensando en esto, cuando un ángel del Señor se le apareció en sueños y le dijo: «José, hijo de David, no tengas ningún reparo en recibir en tu casa a María, tu mujer, pues el hijo que ha concebido viene del Espíritu Santo. Dará a luz un hijo, y le pondrás el nombre de Jesús, porque él salvará a su pueblo de sus pecados».

Todo esto sucedió para que se cumpliese lo que el Señor había dicho por medio del profeta:

> *La Virgen concebirá*
> *y dará a luz un hijo,*
> *y le pondrán por nombre Emanuel,*
> *que significa «Dios con nosotros».*

Cuando José despertó del sueño, hizo lo que le había
mandado el ángel del Señor y recibió en su casa a su
mujer. Y sin haber tenido relaciones, María dio a luz un
hijo, al que él puso por nombre Jesús (Mt 1,18-25).

José, o cómo comprender que «la vida del creyente solo es comprensible si hay en él algo incomprensible» (Simone Weil), un algo más, un sueño,
un ángel, un amor inmerecido, vida de otra parte,
Dios.

Así María que como, dice Mateo, «se encontró
encinta»: absoluta sorpresa de la criatura, que llega
a concebir lo inconcebible, al propio Creador.

José es el hombre enamorado: decide dejar a su
prometida, pero no quiere denunciarla públicamen-
te (v. 19); sigue pensando en ella, insatisfecho con
la decisión que ha tomado (v. 20); ella está presente
incluso en sus sueños (vv. 20 y 21); finalmente se la
lleva consigo, dando así preferencia a María antes
que a su propia descendencia, optando por el amor
en lugar de por la generación. Grandeza humana de
José, raíz secreta de la virginidad de la pareja de
Nazaret: es posible amar sin poseer.

Es el hombre de los sueños: el carpintero es también el soñador, manos endurecidas por el trabajo y
corazón enternecido por el amor y los sueños. Cada

cual actúa según lo que lleva en su interior y que emerge libremente en los sueños: el ser humano justo tiene los mismos sueños de Dios; del sueño extrae sus raíces toda vida; en el sueño de la palabra humana se revela la palabra de Dios; en el silencio nacen los ángeles.

Es el hombre de fe, a quien le gustaría librarse del misterio, pero que luego escucha y pone en práctica; hombre concreto, que da un nombre a quien es el Nombre; hace suya la primera palabra con la que Dios se dirige desde siempre a la humanidad: «No tengas miedo»; respuesta a la primera palabra con la que Adán se dirige a Dios: «Tuve miedo» (Gén 3,10). *No tengas miedo*: el miedo, origen de toda huida, es lo contrario de la fe, del matrimonio, de la paternidad. José no escucha al miedo, se convierte en padre verdadero de Jesús aunque no sea su progenitor. Concebir un hijo es fácil, pero ser padre o madre, amarlo, hacerle crecer, hacerle feliz, enseñarle el arte de vivir, esto es una aventura totalmente distinta. Basta con unos pocos instantes para ser progenitor, pero padre y madre es algo que se llega a ser a lo largo de toda la vida. José es el arquetipo de toda persona: «demasiado grande para bastarse a sí mismo» (Blaise Pascal), se mantiene abierto al misterio, pero muestra todas nuestras resistencias a abrirnos a lo que es más grande que nosotros, aunque hayamos sido hecho para eso.

Él verdaderamente acepta la primacía del amor, acoger a María y el don que lleva consigo, dejar que la Palabra desvele en lo más profundo ese sueño secreto que es el mismo sueño de Dios, no temer las cosas grandes, acoger no las palabras que proceden de nuestro miedo, sino las palabras que vienen de Dios, ponerlas en práctica, soñar. Cuando soñamos solos, es una falsa ilusión; cuando soñamos con Dios, comienza la realidad.

Amar sin poseer

Tras las dudas y los sueños, tras los ángeles y las inquietudes, tras una dura prueba, José «recibió en su casa» a María. Al igual que María, también él hace espacio en su corazón para acoger a ese niño ajeno e insólito.

María entra en la casa del soñador, deja la casa de su padre para confiarse a otro, en un camino de comunión que la llevará a construir un nuevo hogar, un destino común.

La prueba que afronta José deja al descubierto su corazón. Desde siempre, este es el significado bíblico de la prueba: «Acuérdate del camino que el Señor te ha hecho andar durante cuarenta años a través del desierto con el fin de humillarte, probarte y conocer los sentimientos de tu corazón» (Dt 8,2).

En la prueba caen las máscaras, se disipan las ilusiones, emerge lo esencial. En la prueba uno vale lo que vale su fe, lo que vale su amor. Todas las historias de amor dejan al descubierto, más que cualquier otro acontecimiento, el alma del ser humano, ese infatigable buscador del amor, pero que casi siempre olvida que todo acontecimiento de amor lo decreta siempre el cielo (Umberto Galimberti). José, puesto al descubierto por la prueba, descubre que ama a esa mujer, que la ama sin querer poseerla como algo propio. Virginidad: amor sin posesión.

Una madre ante su hijo debe pasar del poseer al proteger. De igual manera también quien ama debe recorrer ese camino. Del poseer al proteger es el camino de todo amor verdadero.

Amar, voz del verbo morir, voz del verbo vivir, que significa dar, no tomar, que significa amar primero, amar sin esperar nada, amar sin llevar las cuentas.

Que significa, como quería el justo José, quitarse de en medio cuando se corre el riesgo de comprometer la paz de una casa, de no respetar el destino de otro. Alejarse al percatarse de que se puede arruinar la misión o la vocación de otro, o de desestabilizarlo emocionalmente. Pero luego también la capacidad de optar por el amor que da y no toma. Quizá en la certeza de que todo acontecimiento del amor está siempre decretado por el cielo. Que Dios provee al corazón de cada uno para que no esté solo. Porque «no está bien que el hombre esté solo» (Gén 2,18).

María deja la casa donde dijo sí a Dios y va a la casa donde dice sí a un hombre, como mujer enamorada, que ama a su hombre con corazón de carne, con ternura y en castidad. María es la mujer del sí, pero su primer sí se lo dijo a José: cuando el ángel fue a verla, ella estaba ya prometida, unida, enamorada.

También María vivió esa espléndida estación de la vida compuesta de asombro y lágrimas, de sobresaltos y de dudas, de ternura, de inquietud, que es como una dulce locura donde convergen todas las emociones y las esperanzas del universo. Saboreó también las alegrías de los encuentros o de un regalo, el corazón que salta en el pecho, la custodia en la memoria, con sumo cuidado, de una palabra o una mirada de amor recibida.

Angelo Casati

Quizá deberíamos pedir perdón a María por haber ofendido su humanidad: quizá por miedo a contaminarla con las cosas mundanas, la hemos creído capaz de amar únicamente a Dios, pero ella en realidad es maestra también en amar a las criaturas con calidez y ternura. Maestra también de esa feliz etapa que es la espera de ser madre.

Casi nunca se habla de María como mujer, quizá por miedo a cuestionar o a poner en peligro su virginidad. Y sin embargo, la mayor parte de su vida la pasó con un hombre, dedicada a las labores del hogar, tratando de dar lo mejor de sí misma, de hacer feliz a su esposo, tratando de anticiparse a los deseos de su hombre de manos encallecidas pero que era un soñador, un justo que descubrió su propia vocación: amar sin poseer.

Y hacía latir su corazón, para que no fuese privado de sí mismo.

Y aportaba calidez a aquella casa, transformó la casa de un carpintero en un hogar cálido y acogedor.

Los dos esposos se intercambiaban –su gran riqueza– la luz, el calor, el oro de las miradas, y miles de palabras. Hay que ser primero esposos para poder ser luego padres, para serlo juntos. Hay que ser con-sortes, intercambiarse y compartir la misma suerte, escoger y entretejer el mismo destino, porque «el Espíritu no está ya en el yo, sino en el tú y yo» (Martin Buber).

El anuncio a la pareja

Según el evangelio de Lucas, la anunciación se le hizo a María; según el evangelio de Mateo, la anunciación se le hizo a José. Si superponemos los dos evangelios nos damos cuenta de que en realidad el anuncio se hace a la pareja, la vocación se dirige al esposo y a la esposa juntos, dentro del matrimonio.

Dios les habla a los dos, al justo y a la virgen enamorada, que se han prometido amor y fidelidad. Dios hace sus obras más extraordinarias, trabaja por un mundo nuevo, dentro de la pareja, protagonista de la vida nueva y protagonista del amor. Trabaja dentro de la familia, dentro de nuestra casa, en el diálogo, en las tragedias, en las crisis, en las dudas, en los impulsos de una pareja, donde se crean esos bellísimos oasis de verdad y de amor que son como un anticipo del Reino, pequeños oasis que salvan al corazón del riesgo de acabar en el desierto.

Dios no roba espacio a la familia, no rompe la pareja, pide y busca este doble sí, un sí que se hace creador precisamente porque es compartido, porque en él se suman dos corazones, muchos sueños y muchísimo trabajo.

La comunión es una energía creadora, porque la pareja es mucho más que la suma de dos soledades: es la imagen de Dios. La imagen de Dios no es el hombre, no es la mujer. La imagen y semejanza, reflejo del rostro del Creador, es la pareja.

Dios creó al hombre a su imagen,
a imagen de Dios los creó,
macho y hembra los creó.
Dios los bendijo y les dijo:
«Sed fecundos y multiplicaos» (Gén 1,27-28a).

La pareja, custodia de la imagen, la pareja con su amor y su capacidad de entrega, la pareja que se encomienda a la vida, la pareja sin cuya valentía Dios no tendría hijos, la pareja macho y hembra es la destinataria de la primera bendición; sobre ella descansa la madre de todas las bendiciones bíblicas.

La pareja es bendición; no es solo imagen del Creador, sino algo más: es imagen de la Trinidad, de un Dios cuyo misterio vibra en un infinito movimiento de amor, que es en sí mismo intercambio, reciprocidad, entrega, comunión, vida que da vida, Trinidad.

Un laberinto de preguntas

El tiempo que transcurre entre el canto del *Magníficat* en la casa de la montaña y Belén es el tiempo del silencio, el tiempo de la mujer encinta y pensativa, de la madre silente del Verbo silencioso. No se recoge ninguna otra palabra durante estos nueve meses.

Silencio que no es simple ausencia de palabras, ni simple trasfondo de la oración, sino un amor sin palabras. «Amar es esperar» (Simone Weil).

Las mujeres embarazadas son como una nave en camino que no sabe cuál será su puerto de llegada. María, como una nave cargada de cielo, en la casa de José. Con muchas preguntas en busca de respuesta. «¿Qué llegará a ser este niño?» (Lc 1,66).

Los grandes constructores de catedrales de la Edad media incorporaron los signos del embarazo en su ingeniosa arquitectura. El famoso laberinto de Chartres consta de doscientos setenta pasadizos trazados en el suelo de la catedral; podría simbolizar el periodo de embarazo de una mujer.

El embarazo es un camino misterioso hacia la luz; el laberinto representa el segundo nacimiento a la luz verdadera, después de haber atravesado los pasajes engañosos y las vicisitudes de la existencia humana.

Para el niño, el vientre de su madre es como un laberinto en el que está atrapado durante nueve meses, hasta que consigue desenredarse de las redes de esta primera forma de vida y salir finalmente a la luz.

Pero la vida humana es en sí misma un vientre oscuro, una maraña de deseos y necesidades, un cúmulo de miedos que atrapa al ser vivo hasta que descubre otra vida, otra luz, hasta que descubre que está hecho para otro aire.

Este recorrido se simboliza en la catedral, cuya arquitectura –trazada siguiendo el recorrido del sol– cuenta un viaje hacia la luz no creada, que genera el universo.

Nacer y renacer, vientre y laberinto, son ambos pasajes de construcción, pero de acceso a la luz. Seguros de que se ha dado una respuesta, de que se ha trazado una salida. La semilla sembrada camina, en la oscuridad del invierno, hacia la primavera.

La estación que ilumina el rostro

En esos nueve meses de espera, hacen de la joven de Nazaret una hermana de la humanidad, no tanto en las cuestiones de la fe, sino en la recuperación de las cuestiones del cuerpo y de la vida cotidiana. En ella el niño del cuerpo del amanecer en la cuna de la noche, el *in-fante* que aún no habla, irradia silencio.

Y la maravilla en tus ojos
se elevó desde tus manos
que, vacías alrededor de tus hombros,
en tus caderas se colmaron
con la forma precisa de una vida reciente,
de ese secreto que se revela
cuando se hincha el vientre.
Y caminas, María, entre otra gente
que se arremolina a tu paso,
un cerco de miradas que no duelen
en la estación de ser madre.
Sabes que en una hora quizás llores
y tu mano entonces ocultará una sonrisa,
la alegría y el dolor
tienen fronteras inciertas
en la estación que ilumina el rostro.
Ave María, ahora que eres mujer,
ave a las mujeres como tú, María,
mujeres un día por un nuevo amor
pobre rico humilde o mesías;
mujeres un día
y luego madres para siempre
en la estación
que de estaciones no entiende.

Con las palabras del poeta Fabrizio De André sobre el misterio del crecimiento del vientre, recupero las ideas del místico Giovanni Vanucci: «Me gustaría dirigir a todas las mujeres el saludo del ángel...», y recojo la idea de Tertuliano, *caro salutis cardo*.

La carne de Cristo, un día crucificada, es el cardo, el nodo, el centro de la historia y de la salvación de la Tierra. Por ahora la salvación ilumina ya el rostro de María. Esperar es el infinito del verbo amar.

4

Belén, casa del pan

Por aquellos días salió un decreto de César Augusto para que se empadronara todo el mundo [...] También José, por ser descendiente de David, fue desde la ciudad de Nazaret de Galilea a Judea, la ciudad de David, que se llama Belén, para empadronarse con María, su mujer, que estaba encinta. Mientras estaban allí se cumplió el tiempo del parto, y dio a luz a su hijo primogénito; lo envolvió en pañales y lo reclinó en un pesebre, porque no encontraron sitio en la posada.

Había en la misma región unos pastores acampados al raso, guardando por turno sus rebaños. Se les presentó el ángel del Señor, y la gloria del Señor los envolvió con su luz. Ellos se asustaron. El ángel les dijo: «No tengáis miedo, pues os anuncio una gran alegría, que lo será para todo el pueblo. En la ciudad de David os ha nacido un salvador, el mesías, el Señor. Esto os servirá de señal: encontraréis un niño envuelto en pañales acostado en un pesebre».

Y enseguida se unió al ángel una multitud del ejército celestial, que alababa a Dios diciendo:

«Gloria a Dios en el cielo y paz en la tierra a los hombres que Él ama».

Cuando los ángeles los dejaron y se fueron al cielo, los pastores se decían unos a otros: «Vamos a Belén y veamos ese acontecimiento que el Señor nos ha anunciado».

Fueron deprisa y encontraron a María, a José y al niño acostado en el pesebre. Al verlo, manifestaron lo que les habían dicho acerca del niño.

Todos los que lo oían se admiraban de lo que decían los pastores. María, por su parte, guardaba todas estas cosas en el corazón. Los pastores volvieron glorificando y alabando a Dios por todo lo que habían visto y oído. Todo tal y como se les había dicho (Lc 1,1.4-20).

Tan solo siete versículos recogen el recuerdo del nacimiento. La sobriedad, la extrema concisión de esas pocas frases, son un reflejo de la decisión que toma Dios: se hace hombre, se hace niño, lejos de los palacios del poder, en el silencio, entre los pobres, con la humilde solemnidad de todo recién nacido que viene al mundo y depende de otros.

Ese Dios que en un principio modeló al *adam* con el polvo de la tierra se hace él mismo polvo de esa misma tierra. El recipiente se convierte en la arcilla de una pequeña vasija, frágil y bellísima.

Y si yo debo llorar, él también aprenderá entonces a llorar. Y si yo debo morir, también él conocerá la muerte.

En Navidad, la Palabra es un niño que no sabe hablar. El Eterno es un recién nacido, apenas el amanecer de una vida. Un recién nacido no puede tener miedo: confía, vive solo si alguien le ama y cuida de él. Como todo recién nacido, Jesús vivirá solo porque es amado. Dios viene como mendigo de amor.

Y aquí reside el prodigio más grande: Dios de carne. Palabra revolucionaria: lo impensable de Dios, el vértigo de la historia, el perno que marca un antes y un después en el cómputo de los años.

La gran rueda del mundo ha girado siempre en un único sentido: de abajo arriba, de lo pequeño a lo grande, del débil al fuerte. Cuando Jesús nace, cuando el Hijo de Dios es dado a luz por una mujer, el movimiento de la historia se bloquea durante un instante y luego comienza a andar en sentido contrario: el fuerte se hace débil, lo eterno camina entre las edades del ser humano, lo infinito queda contenido en un fragmento.

En Navidad finaliza el eterno viaje de Dios en busca de los hombres y mujeres y comienza la mayor aventura para la humanidad: convertirse en Palabra e hija de Dios. «Aunque Cristo hubiera nacido mil veces en Belén, si no nace en ti, entonces ha nacido en vano» (Angelus Silesius). El destino de toda criatura es convertirse en sílaba de Dios, en carne impregnada de cielo.

Dios se ha hecho hombre para que el hombre se haga Dios. No podríamos desear una aventura mayor. Su nacimiento es realmente el éxtasis de la historia, el nuevo perno del tiempo en torno al cual danzan los siglos y los días.

El censo

Lucas nos presenta los hechos en la humilde concreción de los detalles y en el amplio espíritu de la historia del mundo. La primera circunstancia histórica del nacimiento de Jesús es el censo. Jesús nace en Belén porque la gran maquinaria imperial ejerce ese opresor control, sobre todo, posiblemente para actualizar el registro tributario. Una amenaza preside el nacimiento: necesito tu vida para alimentar las arcas de un Estado, poderoso y cruel al sacar del anonimato a María, a José y al niño.

En esta oscuridad dura, en la profundidad de la incomodidad de este mecanismo, cuando la persona se reduce simplemente a número y cantidad, allí se produce el nacimiento del hombre y la mujer nuevos. Allí donde el ser humano solo cuenta como número, en la reducción de dignidad a cantidad, ahí es donde la historia da un vuelco.

La presión de las tinieblas de la historia casi obliga a Dios a revelar la luz.

Mientras en Roma se decide el destino del mundo, mientras el Imperio mantiene la paz con la espada de sus legiones, en este mecanismo perfectamente engrasado, nace un granito de arena, nace un niño, suficiente para cambiar el sentido de la historia.

La nueva capital del mundo es Belén. ¡Dios parece estar jugando con la historia de la humanidad! Pero esa ha sido su decisión misteriosa, aunque nunca revocada: hacer la historia con quien no tiene historia, escoger lo débil del mundo para confundir a los fuertes.

Pañales y pesebre

María «dio a luz a su hijo primogénito; lo envolvió en pañales y lo reclinó en un pesebre». María da a luz en un lugar improvisado, reservado a los animales, un lugar de segunda, que habría preferido evitar.

Pero sobre este niño se inclina la ternura de su madre; no lo envuelve solo en pañales, sino también de amor. Jesús recién nacido envuelto en pañales recuerda otra envoltura que recoge Lucas (23,53), la de su cuerpo colgado en la cruz, preparado para la tumba y depositado en el sepulcro. Parece estar indicando de inmediato su destino solidario con toda carne, desde la cuna hasta el sepulcro.

Pero los pañales, las vendas, son también una señal del cuidado amoroso de María y José, que colman al niño con el don más elevado de la humanidad, el afecto doble, materno y paterno. Su madre lo alimentará con leche, caricias y sueños; su padre lo alimentará con trabajo y protección. El pequeño Jesús podrá sobrevivir en la Tierra solo porque alguien cuida de él; podrá ser feliz en la Tierra solo porque es amado, como cualquier niño. Dios vive por nuestro amor. Le corresponde ahora al ser humano ocuparse de Dios. Jesús nos enseñará a hacerlo, en la primera parte del *Padrenuestro*, cuando pida a las personas que se interesen por la causa de Dios, por su nombre, su Reino, su voluntad.

El pesebre, que la madre, en esa situación de emergencia, transforma en una cuna, es un lugar para los alimentos. Y no es un lugar para el alimento humano, sino un comedero de animales. Pesebre, pequeña arca que, sin embargo, reúne toda la creación, la hierba del campo, los animales, la mano del hombre y de la mujer, para convertirse, esa noche, en señal de una pequeña y silenciosa alianza con todo lo que vive bajo el sol.

En el pesebre (en latín *praesepium*) se entrelazan un toque de exclusión y un toque de comunión, una señal de la alianza con todo el cosmos y una marginalidad que serán para siempre características de Jesús. Nace quien no tendrá en su vida dónde reclinar la cabeza, quien será pobre como los zorros y las aves del cielo, que sin embargo sí tienen madrigueras y nidos (Lc 9,58). Hasta su sepulcro será prestado (Mt 27,60). Es el huésped que está siempre a la puerta y llama (Ap 3,20) y espera que alguien le abra, y que nos pide también a nosotros ese gesto de suma misericordia que le dio su madre: dejar que su vida entre en nuestra vida.

Pañales y pesebre encarnan el signo pobre de un Dios enamorado de lo cotidiano, y al mismo tiempo son símbolos que contienen un anticipo de todo el Evangelio. Tanto es así que en muchos iconos orientales que representan la natividad, el niño está tumbado en una cuna con forma de sepulcro y envuelto en pañales, exactamente igual que un difunto colocado en la tumba y envuelto en vendas. El misterio de la Navidad inaugura ya el misterio de la Pascua, la madera del pesebre evoca el madero de la cruz, ese niño es ya el Cristo total.

Casa del pan

En Belén, en hebreo «casa del pan», nace un niño que un día dirá: «Yo soy el pan», soy un Dios que se puede comer, que alimenta, que está vivo.

El pan es un símbolo bellísimo y terrible. Pasa por el molino y el fuego, te da vida y muere por ti, te alimenta y se destruye. Dios, como pan, te alimenta y desaparece. ¡Hasta tal punto llega la encarnación! El amor no ha protegido a Dios, lo ha expuesto. El amor expone, y desarma, y pone en riesgo a Dios, en riesgo incluso de ser rechazado.

Pero Dios no puede rechazar al ser humano. Esta es la fuerza invencible de Navidad.

La Palabra se ha hecho pan. No sé explicarlo, pero miro al niño de Belén, el recién nacido que busca la leche de su madre, y digo: *la Palabra se ha hecho pan.*

Quien se ocupa de él no son los ángeles, sino una joven inexperta y generosa: *la Palabra se ha hecho necesidad.*

Pienso en los abrazos que Jesús recibió y que luego reservó para los pequeños y para sus amigos, y digo: *la Palabra se ha hecho caricia.*

Pienso en el llanto de Jesús ante la tumba de su amigo Lázaro y digo: *la Palabra se ha hecho lágrimas.*

Pienso en aquella masa de barro que Jesús puso en los ojos del ciego y digo: *la Palabra se ha hecho polvo, mano y saliva, y ojos nuevos.*

Luego pienso en la cruz: *la Palabra se ha hecho cordero, carne en la que grita el dolor.* Yo lloro, y conmigo también él aprenderá a llorar, y si tú debes morir, también él conocerá la muerte.

El que ha caminado sobre alfombras de galaxias se hace pequeño y comienza de nuevo en Belén, en un pesebre.

El que ha separado luces y tinieblas, firmamento y tierra, se hace clavar en una cruz. Sin duda, debe haber algo verdadero en este *amor excesivamente desarmado*. Dios está ahí donde la razón se escandaliza, donde la lógica se detiene.

Miro al niño: sus ojos son los ojos de Dios, su hambre es el hambre de Dios, esas manos que se tienden hacia su madre son las manos de Dios que se extienden hacia mí.

Y si los dos vértices de la historia de Jesús son *un pesebre y una cruz*, esta fe nuestra solo puede ser de Dios, no es una invención humana. En Belén no hay ningún engaño, ninguna estafa, ninguna mentira: lo garantizan un *pesebre* y una *cruz*.

Un ángel para quien vela en la noche

En Belén una nube de cánticos rodea a los pastores: «Paz en la tierra a los hombres que Dios ama». Y van hacia donde el ángel les había indicado.

Es tan bonito que Lucas tome nota de esta única visita, un grupo de pastores, con olor a lana y leche. Es bonito para todos los pobres, los últimos, los anónimos, los olvidados. Es realmente una buena noticia: la historia cambia de dirección.

Dios apuesta por aquellos por los que la historia no apuesta. Dios entra en el mundo desde el punto más bajo, escoge a los últimos de la fila.

El trabajo de los pastores era despreciado e impuro; los pastores no frecuentaban la sinagoga, no observaban el sábado, iban siempre detrás de sus rebaños, y Dios los escogió. Escoge el camino de la periferia.

Aquella noche, durante un instante, el camino principal de la historia quedó bloqueado. Hubo un nuevo «en el principio», el rumbo de la historia tomó otra dirección: de Dios a la humanidad, de lo grande a lo pequeño, desde cielo hacia abajo, de una ciudad a una gruta, del templo a un campo de pastoreo. La historia comienza de nuevo desde los últimos.

Navidad es la llave de un mundo que aún no existe pero que deseamos, un juicio sobre el mundo y nuevo ordenamiento de todas las cosas.

En Navidad no celebramos un recuerdo, sino una profecía.

Navidad no es una fiesta emotiva, es la conversión de la historia.

Dios en la humildad: esta es la palabra revolucionaria, la palabra apasionada de Navidad.

Dios ama lo que es pequeño: esta es la fuerza rompedora de Navidad, que no dirige la atención hacia lo grande, lo famoso, lo sagrado, sino a la carne de un niño, en un rincón oscuro del mundo, sin focos, sobre un pequeño que no hace ningún alarde más que el de ser un ser humano, simplemente.

El tiempo del asombro

«María, por su parte, guardaba todas estas cosas en el corazón». María, maestra del asombro, nos ayuda a cuidar de nuestra capacidad de maravillarnos, de recobrar otra vez la vida. «Los conceptos crean ídolos, solo el asombro comprende algo» (Gregorio de Nisa). Amar es también ser capaz de asombrarse continuamente. Quien ama es pródigo no en adulaciones, que son mentira, sino en bendiciones, alabanzas, asombro jubiloso (Luigi Pozzoli).

«Guardaba todas estas cosas en el corazón», las custodiaba, las meditaba: custodiar es el verbo que salva el pasado; meditar es el verbo que salvaguarda el presente. María guardaba para que nada se perdiera; meditaba, buscaba en los fragmentos de los acontecimientos el hilo de oro que los mantenía unidos, para asegurarnos que también en nuestra existencia hay una unidad secreta, pero descubrirla es un camino que nunca acaba, como nunca acabó para María.

Solo después de la Pascua María alcanzó la comprensión madura del misterio del que formaba parte. Su fe crecía, pero no pasivamente, no a bajo precio, sino en la dificultad y en el ejercicio de continua interpretación de las pocas palabras y el mucho silencio de Dios.

«Llena de gracia» no significa capaz de comprender todas las cosas y todas las palabras, sino que indica la energía que la sostiene en el trabajo ininterrumpido de meditación y acogida, de espera y de fe. La gracia, para María y para todo creyente, es asombro y maravilla ante la Palabra, ese ardor en el corazón que sintieron los discípulos de Emaús.

Gracia es conservar las cosas, evitar que se olviden, hacerlas vivir de nuevo, meditarlas, para buscar su sentido profundo. Porque no es fácil, no es evidente, comprender lo que está ocurriendo, la contradicción, la falta de plausibilidad de este nacimiento: la gloria de Dios y la pequeñez del niño, el canto de los ángeles y el establo, los Magos y la matanza de los niños en Belén. Mantener unidas las cosas que parecen contradictorias, la gloriosa solemnidad del cielo y la humilde celebración de los pastores, sin eliminar ni una ni otra. Porque es precisamente en su encuentro donde reside la plenitud del cristianismo, unir el rostro del prójimo y el rostro de Dios («Cuando lo hicisteis con uno de estos mis hermanos más pequeños, conmigo lo hicisteis» [Mt 25,40]).

María conservaba acontecimientos y palabras (en griego *rhemata*). La revelación divina viene a través de los acontecimientos y palabras íntimamente conectados, que se llaman y se iluminan mutuamente: las palabras explican los hechos, los hechos hacen realidad e interpretan las palabras, exégesis de la Palabra y exégesis de la vida, inseparablemente.

En el corazón

En dos ocasiones recuerda Lucas que María *guardaba* y *meditaba* (2,19 y 2,51). Y, en esos dos pasajes evangélicos, siempre *en el corazón*. La historia de un hijo está escrita antes de nada en el corazón de su madre.

En la Sagrada Escritura el corazón se menciona novecientas trece veces, como algo diferente y muy profundo que no es solo el símbolo de los sentimientos y la afectividad, sino que es también el lugar de la unidad del ser humano, donde se discierne, se comprende, se ama la verdad, se escoge la vida, nacen las acciones, Dios seduce. El corazón, «templo del silencio» (Charles Péguy) es lugar de continuos nacimientos, es el lugar del retorno; aquí Dios se revela como el «Dios sensible al corazón» (Blaise Pascal). Toda la vida es una peregrinación hacia el lugar del corazón (Olivier Clément), en el que el Espíritu lleva las palabras de Cristo (el Espíritu Santo llevará a vuestro corazón todas mis palabras [cf. Jn 14,26]).

María *guarda*: para que no se pierda nada, tiene encendida la lámpara de la memoria, luz a los pasos de la fe cuando esta se convierte en cansancio del corazón.

Conserva con cuidado: porque es fácil que las palabras y los acontecimientos se pierdan en el olvido, porque se trata de elementos preciosos y frágiles a los que hay que dedicar atención y perseverancia.

Medita: reflexiona sobre acontecimiento y palabras para sacar una explicación; somete a interpretación vida y anuncio para que revelen por completo su enseñanza. Es la mujer sabia, llena de recuerdos, que lee e interpreta lo que ha vivido y oído, pero junto al inmenso silencio de Dios. Es necesario mucho silencio para escuchar el silencio de Dios.

Por qué

«Si me preguntaran por qué Dios se hizo hombre, yo diría: para que Dios nazca en el alma y el alma nazca en Dios. Por este motivo se escribió toda la Escritura, y por este motivo Dios creó el mundo: para que Dios nazca en el alma y el alma nazca en Dios» (Maestro Eckhart).

Ahora es el tiempo de mi navidad. Cristo nace para que yo nazca. El nacimiento de Jesús quiere mi nacimiento: que yo nazca diferente y nuevo, que nazca del Espíritu de Dios, que nazca tan pequeño y tan libre que sea incapaz de agredir, de odiar, de amenazar. Tan humilde e ingenuo que razone con el corazón.

Dios mío, Dios mío niño,
pobre como el amor,
pequeño como un recién nacido,
humilde como la paja sobre la que has nacido.
Mi pequeño Dios,
que aprendes a vivir esta nuestra misma vida,
que solicitas atención y protección,
que tienes ganas de luz,
Dios mío, incapaz de defenderte
y de agredir y de hacer daño,
Dios mío, que solo vives si eres amado,

que no sabes hacer más que amar
y pedir amor,
enséñame que no hay otro destino
más que llegar a ser como tú,
carne impregnada de cielo, sílaba de Dios;
como tú, que encierras para siempre
en un abrazo
la amargura de todas tus criaturas
enfermas de soledad.

El alfarero y el barro

Dios comienza de nuevo en Belén. La eternidad se abrevia en el tiempo, el todo en el fragmento. También la realidad de Dios sabe ahora de pan. Es un Dios que no se impone, que tiene necesidad.

El Creador no modela ya al *adam* con polvo de la tierra, externamente, sino que él mismo se hace polvo modelado, niño de Belén y carne universal.

Jeremías, que aplica a Dios la imagen del alfarero que toma continuamente en sus manos el barro y no lo desecha si una vasija sale mal, sino que lo trabaja de nuevo (cf. Jer 18,3-4), diría que el alfarero no solo se ha hecho ánfora, vasija frágil y bellísima, sino que se ha hecho arcilla, polvo del suelo, de este suelo, de esta tierra.

«La Palabra se hizo carne» (Jn 1,14), está escrito. No solo se hizo niño, ese niño; no solo se hizo hombre, ese hombre; sino que se hizo carne universal. También en la sugerencia del texto griego los dos términos son similares, no alejados de otras expresiones: *ho Logos sarx, el Verbo carne se hace.* Desde entonces la cercanía es total, hay un fragmento del Logos en toda carne, hay algo de Dios en toda persona, hay un poco de santidad y mucha luz en toda vida.

La Navidad es la certeza de que nuestra carne, en cualquiera de sus raíces, es santa; que nuestra historia, en cualquiera de sus páginas, es santa. Y nadie puede decir: aquí termina el ser humano, aquí comienza Dios, porque Creador y criatura están abrazados. Finito e infinito están dentro de nosotros en miscelánea prodigiosa por la grandiosidad de los proyectos, por el vigor de la transformación.

La encarnación no ha acabado, Dios «acontece» todavía en la carne de la vida, acontece en lo concreto de mis gestos, habita en mis ojos para que sepan mirar con bondad y con profundidad.

Habita en mis palabras para que tengan luz.

Habita en mis manos para que se abran para dar paz, para enjugar las lágrimas, para acabar con las injusticias.

Humildad es la palabra revolucionaria de Navidad. Luz guardada en una cáscara de barro.

Pablo escribe a Timoteo: Jesucristo viniendo al mundo «ha hecho brillar la vida» (2Tim 1,10). Bellísima metáfora, nacida de Pablo, que suele ser muy parco en imágenes: ha dado esplendor a la vida, ha hecho brillar el futuro y nuestros sueños, ha encendido de nuevo la llama de las cosas, ha dado bellísimas canciones a nuestro corazón, ha puesto trocitos de estrellas en nuestra sangre, palabras poderosas y nuevas corren por las arterias del mundo.

5
Toparse con una estrella

Jesús nació en Belén de Judea, en tiempo del rey Herodes. Unos magos de oriente se presentaron en Jerusalén [...]

Después de oír al rey, se marcharon, y la estrella que habían visto en oriente iba delante de ellos, hasta que fue a posarse sobre el lugar donde estaba el niño. Al ver la estrella experimentaron una grandísima alegría. Entraron en la casa y vieron al niño con María, su madre; se pusieron de rodillas y lo adoraron; abrieron sus tesoros y le ofrecieron regalos: oro, incienso y mirra. Luego regresaron a su país por otro camino, pues les habían dicho en sueños que no volvieran a donde estaba Herodes.

Tan pronto como se marcharon, un ángel del Señor se apareció en sueños a José y le dijo: «Levántate, toma al niño y a su madre, huye a Egipto y estate allí hasta que yo te avise, porque Herodes va a buscar al niño para matarlo».

Él se levantó, tomó al niño y a su madre de noche, se fue a Egipto y estuvo allí hasta la muerte de Herodes, para que se cumpliera lo que había dicho el profeta:
«De Egipto llamé a mi hijo» (Mt 2,1.9-15).

En Navidad es Dios quien busca al ser humano, en la Epifanía es el ser humano quien busca a Dios. La Epifanía es la fiesta de quienes buscan a Dios, la Navidad de los alejados. Junto con los Magos camina la humanidad de siempre, la humanidad que, como ellos, tiene los ojos puestos en el cielo.

Los Magos, estos misteriosos intérpretes de las estrellas, son el símbolo de la inmensa familia humana que, para vivir, tiene que mirar hacia arriba, expulsada del Edén, pero que conserva una secreta sed insatisfecha. Necesita una existencia que no sea estática, sino extática: éxtasis para salir de sí hacia el gran movimiento de las estrellas, del patio de la casa hacia la vasta patria del mundo.

Son, escribe el padre David Maria Turoldo, «los santos más nuestros» por su camino repleto de incertidumbres y de errores: llegan a la ciudad equivocada, pierden de vista la estrella, hablan del niño con el asesino de niños, buscan a un rey y encuentran a un Dios. Pero su camino está repleto de la infinita paciencia de volver a emprender el camino, de volver a comenzar, como consuelo de todas nuestras nuevas partidas.

Ningún fracaso es capaz de abatir ese viaje lleno de la valentía de no rendirse nunca, de seguir «mirando los abismos del cielo / hasta que ardan los ojos del corazón».

Los Magos son los santos más nuestros: pies en tierra y ojos en el cielo. Hay un proverbio africano que expresa así este «estrabismo» de los que buscan a Dios: «Hay que atar el timón del arado a una estrella para trazar largos y rectos los surcos en el campo».

Podríamos entonces dar un giro a la pregunta de Herodes, devolver la inocencia a sus palabras: «Ve e infórmate bien sobre el niño y, cuando lo encuentres, avísame». Son palabras que a mí me gustaría dirigir también al amigo, al teólogo, a la monja de clausura, al poeta, al científico, al obrero, al ama de casa, al hombre de la calle, al niño, al psicólogo: «¿Has encontrado al niño?».

Te lo ruego, busca bien en los libros, en el arte, en la historia, en los rostros, en el corazón de las cosas; busca en el fondo de la esperanza, busca con esmero, fijando tu mirada en los abismos del cielo y luego en los abismos del corazón, y si lo encuentras,

dime cómo lo has hecho, házmelo sentir vivo y cálido, para que yo también vaya a adorarlo, con mis
pequeños regalos pero con todo el orgullo del amor.

Amar la humanidad de Cristo

Belén, casa del pan y del silencio. Nadie habla
después de la llegada de los Magos. Solo hay un
intercambio de miradas.

María mira y no habla, guarda todo en el silencio
de su corazón. Los Magos ven al niño con su madre
y lo *adoran*, verbo que, etimológicamente, significa
llevarse la mano a la boca, callar y contemplar.

«Se pusieron de rodillas y lo adoraron». Adoraron al niño. ¡Qué misteriosa lección! No adoran a un
Rey, ni a un Crucificado que perdona, ni a un Resu-
citado, o manos de las que emanan milagros. Simplemente a un niño. El que casi no es nada. Y se ponen
de rodillas, se hacen pequeños ante el infinitamente
pequeño. Nos encontramos ante una escena que se
ha visto muchas veces en nuestras casas. Y aquí está
la lección. La esencia del cristianismo no radica en la
originalidad de su doctrina, sino en la persona de Jesús, carne de Dios. No en la sublimidad de la palabra,
ni en la altura de la espiritualidad, ni en la audacia de
la entrega a los demás. Sino en la divinidad de Jesús.

El camino más breve y directo entre el ser humano y Dios es la carne de Jesús, ahora en los brazos de su madre, un día en los brazos de la cruz.

Los que buscamos estamos llamados a amar la humanidad de Cristo para alcanzar su divinidad.

«Dios me ha dado a conocer el absoluto orgullo del amor. Hay que amar la humanidad de Cristo para alcanzar su divinidad» (Hadewijch de Amberes). Orgullo de amor, es decir, nobleza y valentía; orgullo absoluto, amor perfecto y noble.

Mi búsqueda de Cristo será redescubrir todos los fragmentos, cada estremecimiento de humanidad en el Evangelio. Devolviendo al corazón todas las emociones de lo humano que surgen de la historia y de las palabras de Jesús: sus relaciones con los niños, con las mujeres, con sus amigos, con el sol y el viento, con las aves y las flores, con el pan, con el vino, con la luz. Con el Padre.

Y luego su manera de tener miedo y coraje. Y su manera de llorar y de gritar. Y su carne de niño y su carne herida.

Y la apreciación del perfume, y el estremecimiento ante las caricias de los cabellos impregnados de nardo de la mujer pecadora y amiga.

Y su rostro vestido de luz en el Tabor.

La belleza de Cristo. Humana y divina: en busca de la oveja perdida, abrazado al hijo pródigo, perdonando a quienes lo crucificaron, pobre a quien solo le queda un trozo de madera y de hierro que bastan para morir clavado. Morir de amor.

Y resucitar, mostrando que el amor y Dios son más fuertes que la muerte, que ruedan todas las piedras que bloquean el corazón. «Camina por el hombre y llegarás a Dios» (Agustín).

Llegar a Dios amando la humanidad de Jesús, ahora un niño en brazos de su madre y luego un hombre de la calle y amigo de publicanos, sus años ocultos y sus gestos públicos, sus manos sobre los enfermos y sus ojos en los ojos del rey, sus pies y el polvo de las calles de Palestina, y luego el nardo que asciende y la sangre que gotea. Y finalmente su cuerpo ausente. Carne fundamento de la salvación, *caro salutis cardo*.

Es el camino de los Magos. Nosotros que, como ellos, buscamos la carne de Dios, hemos de buscarla allí donde habita:

Verte resplandecer en los ojos de un niño
y luego encontrarte
en el último de los pobres;
verte derramar nuestras lágrimas,
o sonreír como nadie.

David Maria Turoldo

Porque Jesús no es solo la esencia de lo que espero, sino también la esencia de lo que vivo. Volver a todas las palabras del Evangelio. El Evangelio es lo más cercano a Jesús, es la carne de Cristo que podemos tocar, mirar, respirar, padecer, disfrutar.

Amar la humanidad de Cristo, las señales concretas, simples, físicas; amar la carne en quien se ha encarnado, amando sus señales cotidianas para saber maravillarse de ellas.

Un niño en brazos de su madre

Los que buscan encuentran un niño envuelto en un abrazo. La madre es el abrazo que da vida. El pequeño solo vivirá si es amado, solo si se cuida de él. Jesús vive por el amor de su madre. De este abrazo le vendrá, siempre, junto a la fe, la fuerza para vivir. Cada recién nacido tiene tanta fuerza como el abrazo que lo abraza y lo lleva a la existencia. No tengas miedo, María, ¡el niño vivirá por tu amor!

Y hoy Dios todavía vive por nuestro amor; de nosotros depende ayudarlo a encarnarse en estas casas, en estos encuentros. Apreciando lo cotidiano, lo carnal, la humildad de Dios, la cercanía de la carne al espíritu, la compenetración del cielo y la tierra, el ser humano y Dios abrazados, trabajando juntos, en lo concreto. «En medio de vosotros está uno que no conocéis» (Jn 1,26). ¿Cómo reconocerlo? Juan dice: «Yo no soy digno de desatar la correa de sus sandalias» (Jn 1,27). Como una señal especial para reconocerlo, Juan dice que él también lleva sandalias, como todos los demás. Cristo está en medio de nosotros eligiendo siempre el camino de la humildad. Nosotros le habríamos sugerido la fascinación del poder. Él elige la fascinación del amor.

Vieron al niño en brazos de su madre y *lo* adoraron, no *los* adoraron.

La madre es como un altar en el que está puesto, como un tabernáculo que custodia, un santuario que contiene al niño. La casa sobre la que se detuvo la estrella alberga juntos al niño y a la madre; la madre es a su vez una casa que acoge, que alberga al niño.

El rico campo semántico, la riqueza de significados de la casa pasan fácilmente a indicar la relación de María con el Señor. La exégesis patrística aplicó a María las alegorías del Antiguo Testamento: la tienda del Éxodo, la sala del Cántico, el lugar de mi reposo en los Salmos.

Francisco de Asís, en una célebre oración dedicada a la Virgen, le atribuye todas estas alegorías bíblicas:

Salve, Señora, santa reina...
Salve, palacio suyo.
Salve, tienda suya.
Salve, casa suya.
Salve, vestidura suya.
Salve, sierva suya.
Salve, madre suya.

La solución para una sana devoción mariana puede venir de una lectura inspiradora de este fragmento evangélico. María es el santuario de Dios, debe considerarse la casa a la que vamos, como los Magos peregrinos del Absoluto, para encontrar al Hijo y acogerlo junto a ella. Entonces quienes mendigan el perdón encuentran el perdón del Padre en el Hijo, y quienes mendigan sentido encuentran la palabra que da color a la existencia, y quienes mendigan amor encuentran el pan que se ofrece al hambriento, y quienes mendigan vida encuentran la eternidad y la adoran.

Lugar de encuentro de dos mendicantes es la Virgen María: uno del amor que es Dios, otro del amor que es el ser humano. Pero la mirada no se queda fija en ella, ella es una señal indicadora que remite al Hijo. Señala y se aparta.

Una estrella en el fondo del corazón

Abrieron sus tesoros y le ofrecieron oro, incienso y mirra. No hay adoración sin regalo. Cuando encuentras a una persona, cuando alguien te resulta agradable, querido, amado y amante, antes o después sientes la necesidad de hacerle un regalo, de entrar en la dimensión del don, en el amor que da, no en el que toma.

Los misteriosos intérpretes de las estrellas llevan oro, incienso y mirra, no flores, juguetes ni dulces.

El oro de nuestra obediencia, el incienso de nuestra adoración, la mirra de las aflicciones y las desilusiones. Precioso, sublime, austero. Noble, divino, trágico: en ese niño hay todo esto.

Y yo, Señor, que vengo de lejos, siguiendo una estrella que aparece y desaparece, que he recorrido caminos difíciles, ¿qué regalos puedo hacerte? Lo digo con los versos de una oración latinoamericana:

Mi vida, Señor,
simple y recta como una flauta
para que tú la puedas llenar,
llenar con tu música.
Mi vida, Señor,
blanda arcilla en tus manos

para que tú puedas darle forma,
la forma que tú quieras.
Mi vida, Señor,
libre semilla en el viento
para que tú la puedas sembrar,
sembrarla donde tú quieras.
Mi vida, Señor,
pequeña rama seca
para que la puedas encender,
y caliente al pobre y a ti.

Y finalmente el regreso. Los Magos desaparecen en los remolinos de Oriente, pero no se extravían, porque ahora llevan una estrella en el corazón. La fe es un encuentro que cambia la vida y nos hace capaces de afrontar cualquier oposición: oyeron hablar de Herodes y «regresaron a su país por otro camino». Quien encuentra al Señor descubre que su vida toma un nuevo rumbo, que el regreso a casa, a su centro, al sentido de la vida, se hace por un nuevo camino, por medio de la sorpresa de gestos inesperados, de palabras insospechadas.

No cambian la vida las ideas, sino los encuentros. No las teorías, sino las personas. Y si nos cuesta tanto cambiar, puede que sea porque no somos ya capaces de encontrar, de vivir el encuentro, con asombro, y de conservarlo en el corazón.

El que busca de verdad a Dios
es solo quien se topa
con una estrella,
cambia incienso y oro
por un risueño corazón
de niño
y, probando caminos nuevos,
desaparece en el polvo
mágico del desierto…

David Maria Montagna

Los Magos partieron

Navidad no es sentimental. Es inmediatamente dramática. Belén, hasta ayer llena de ángeles, se llena de gritos y de sangre de niños asesinados por Herodes. Y la fe se pregunta: «¿Por qué no interviene Dios con un milagro? ¿Qué hace con su omnipotencia? ¿Por qué no elimina a Herodes y con él a todos los tiranos de la Tierra?».

Un padre, una madre, un hijo: la suerte del mundo se decide en el seno de una familia, en la valentía humilde de una, de muchas, de infinitas criaturas enamoradas y silenciosas. Todavía hoy. Ahí interviene Dios.

Herodes envía soldados. Dios envía un ángel por el humilde camino de los sueños. Un granito de sueño caído en los duros engranajes de la historia basta para cambiarme el rumbo: «Toma al niño y a su madre, huye». Un Dios que huye en la noche. ¿Por qué les ordena huir, sin garantizarles el futuro, sin indicar el camino de regreso?

Pero la tarea del ángel no es librarles del exilio o reducir su desierto, sino darles fuerza en el desierto para que no se rindan durante el éxodo, para que no se resignen al exilio.

José sueña tres veces. En cada ocasión recibe un anuncio parcial, una profecía a corto plazo. Pero para emprender el camino no es necesario tenerlo todo claro, ver todo el horizonte, sino solo «la luz necesaria para dar el primer paso» (John Henry Newman), la fuerza necesaria para pasar la primera noche. Como Abrahán, que se pone en camino a la luz de las estrellas y no sabe dónde le llevará la voz, pero sabe que Dios estará cerca, en cada giro de la vida, para asegurar que hay una profecía guardada incluso en la crónica más negra.

A José le basta un Dios que entrelaza su aliento con el de los tres fugitivos para saber que el viaje se dirige a casa, aunque pase por Egipto.

Entonces muere Herodes y regresa el ángel. Y los sueños son solo pequeños sueños; las revelaciones, revelaciones parciales. Solo hay luz necesaria para la primera noche, la necesaria para la partida.

¿Qué fuerza tiene José, que se levanta, toma al niño y a la madre, y se marcha, que se levanta y regresa, que siente miedo y cambia de destino?

El Señor entra en esta historia de caminos y exilios como fuerza para seguir adelante, como fuerza para sostener al niño y a la madre, como fuerza para empezar de nuevo en otro lugar.

El Señor es fuerza, y no permite que los suyos se den por vencidos.

El Señor es inteligencia, no para derribar los palacios y las dinastías de Herodes, sino para que sepamos elegir la Tierra de acogida, para que podamos amar y cantar más de lo que la vida nos permite.

El rey y José contrastan en tres ocasiones. Herodes busca al niño, Herodes muere, Arquelao le da miedo. Y José sueña tres veces.

Pero todavía ocurre algo, como un «sin embargo», como un «sino», que abre una brecha por la que pasa una historia nueva.

Puede que Herodes amenace, asesine y envíe soldados, pero hay algo que arruina sus proyectos.

Dios no envía soldados ni caballos preparados para el desierto: envía fuerza y canto, y un ángel en un sueño.

Una fe que es luz que se abre, casi una contradicción, podríamos decir: sé que en el mundo todavía mandan los más fuertes, sé que Herodes todavía está tratando de planear masacres.

Sé que a menudo la vida es una experiencia de peligro, de huida, de exilio, pero sé que detrás hay una verdad que no pertenece ya a los seres humanos, sino a Dios; hay otro proyecto que no ha nacido en los palacios, otra justicia, aunque sea soñada. Sé que «mi hijo volverá de Egipto».

Es la fe de los desterrados: sé que en el mundo mandan los más violentos, sé que Herodes se sienta sobre su trono de muerte, sé que la vida es una aventura de peligros, de caminos, de refugios y de sueños, pero sé que detrás de todo esto hay un hilo conductor cuyo extremo está firme en las manos de Dios.

José el justo representa a todos los justos de la Tierra, hombres y mujeres que, haciéndose responsables de la vida de los demás, viven el amor sin

hablar de las dificultades y los miedos; todos aquellos que, sin proclamaciones y sin recompensas, en
silencio, hacen lo que deben hacer; todos aquellos
que saben que «la tarea más importante del mundo
es salvaguardar la vida con la propia vida» (Elias
Canetti).

Y eso es lo que hacen: prácticos, pero al mismo
tiempo soñadores; indefensos, pero más fuertes que
cualquier faraón.

6
Familia sagrada

Cuando cumplieron todas las cosas que mandaba la ley del Señor, regresaron a Galilea, a su ciudad de Nazaret. El niño crecía y se fortalecía, lleno de sabiduría, y la gracia de Dios estaba con él.

Sus padres iban todos los años a Jerusalén por la fiesta de la pascua. Cuando tuvo doce años, fueron a la fiesta, como era costumbre. Terminada la fiesta, emprendieron el regreso; pero el niño Jesús se quedó en Jerusalén sin que sus padres se dieran cuenta. Creyendo que iba en la caravana, anduvieron una jornada, al cabo de la cual se pusieron a buscarlo entre los parientes y conocidos; al no encontrarlo, volvieron a Jerusalén en busca suya. A los tres días lo encontraron en el templo sentado en medio de los doctores, oyéndolos y preguntándoles. Todos los que le oían estaban admirados de su inteligencia y de sus respuestas. Al verlo, se quedaron maravillados; y su madre le dijo: «Hijo, ¿por qué has hecho esto? Tu padre y yo te hemos estado

buscando muy angustiados». Les contestó: «¿Por qué
me buscabais? ¿No sabíais que yo debo ocuparme en
los asuntos de mi Padre?». Ellos no comprendieron lo
que les decía.

Jesús fue con ellos a Nazaret, y les estaba sumiso. Su
madre guardaba todas estas cosas en su corazón. Jesús
crecía en sabiduría, en estatura y en gracia delante de
Dios y de los hombres (Lc 2,39-52).

Familia sagrada, la de Nazaret, pese a serlo, no
están exentos de la angustia: «Te buscábamos angustiados». Familia sagrada, pero en crisis, donde
hijos y padres no se entienden. María y José son los
mejores padres, pero no comprenden a su hijo; son
profetas, visitados por ángeles, pero no comprenden
lo que sucede en su propia casa. Ni siquiera los santos comprenden a los santos. De esta familia santa
pero imperfecta, santa pero limitada, desciende una
bendición, un consuelo, una consolación para todas
nuestras familias con todas sus limitaciones. Ni siquiera la mejor de las familias se libra de la incomprensión mutua.

Pero aquí radica la diferencia: ellos van *juntos* a
Jerusalén, *juntos* regresan a Nazaret, *juntos* buscan
a su hijo. *Juntos*. Este gesto es cada vez menos
frecuente en las familias, donde cada uno vive su

propio camino, sus propias metas, sus propios se-
cretos, donde ya casi no se hace nada *juntos*, mucho
menos los asuntos del Padre.

Y aquí hay otra diferencia. María pregunta: «¿Por
qué has hecho esto?». Abre un diálogo, pero un diálogo sosegado, sin resentimiento, sin acusaciones,
que sabe preguntar y escuchar, y sabe acoger incluso una respuesta incomprensible. Y hay un hijo que
también escucha, que responde, que pregunta, y es
algo importante, frente a toda esa falta de comunicación que amenaza los hogares. La belleza de esos
dos verbos, *escuchar* y *preguntar*, creció en esa
casa, donde –parece obvio pensarlo así– todos los
días era costumbre escuchar y preguntar, escuchar-
se y preguntarse (Angelo Casati).

La prueba de la incomprensión

La prueba es la forma en que Dios educa el deseo
y la libertad de la criatura humana. La saca del deseo voraz para abrirla a ser una libertad que confía
en el otro y confía en Dios (Franco Giulio Brambi-
lla). La prueba hace sabio al corazón.

«"¿Por qué me buscabais? ¿No sabíais que yo
debo ocuparme en los asuntos de mi Padre?". Ellos
no comprendieron lo que les decía». Padre y madre

se llega a serlo progresivamente, a lo largo de toda la vida, renovando el esfuerzo incluso cuando no se comprenda a los hijos, aun cuando parezca que estos no escuchan.

En la prueba, la estrategia prudente consiste no en remordimientos ni reproches, sino en la renovación del proyecto de vida juntos. En el volver a escuchar, juntos, la llamada inicial: «Jesús fue con ellos a Nazaret, y les estaba sumiso».

De modo que, cuando en las casas no nos entendemos, cuando soplan los vientos de las contestaciones, de la autoafirmación de los hijos frente a las exigencias a veces totalizadoras de sus padres, cuando los hijos ya no siguen las enseñanzas de sus padres, cuando dicen que han dejado de creer, en el momento de la prueba, estas palabras del cardenal Jean-Marie Lustiger son esclarecedoras:

Si vuestro hijo no sigue vuestras prácticas religiosas, no significa que haya perdido a Dios, ni que Dios le haya perdido a él. En realidad no sabéis nada de lo que pasa en su interior, y, sobre todo, no debéis sentiros culpables. La fe tiene sus estaciones, va por caminos misteriosos. Pero si habéis sembrado la buena semilla del Evangelio, aunque ahora sea invierno y todo parezca estar muerto, la semilla brotará, volverá la primavera. El profeta Isaías nos asegura que las cosas de Dios no volverán a Dios sin haber dado antes fruto, porque la fuerza no reside en el sembrador, sino en la semilla, la fuerza no reside en el predicador, sino en el Evangelio predicado, la fuerza no reside en la bondad del padre, sino en la fortaleza íntima, buena e invencible de lo que ha transmitido a sus hijos; la fuerza está en la semilla buena, no en el buen sembrador.

Cuántas veces hemos visto que la fe que parecía haber desaparecido, que parecía haberse hundido quién sabe dónde, brota de nuevo, tras años de silencio, como un río cárstico que desaparece de repente y luego, de improviso, brota más lejos, decenas de kilómetros más abajo, con un caudal de agua más abundante que antes, con agua más fresca, más clara, mejor, recogida en las grutas profundas de la vida, en los subterráneos de la existencia. Perseveremos entonces en ser padres y madres también en la fe, con confianza, en diálogo, en todas las estaciones, como anunciadores del rostro amoroso de Dios.

La peregrinación a casa

Lucas narra dos peregrinaciones: la peregrinación hacia el templo y la peregrinación hacia la casa, hacia los rostros y las personas. Nazaret y

Jerusalén son los dos polos entre los que debe latir el corazón de toda familia: ocuparse de los asuntos de Dios y luego cuidar de las personas que están a nuestro cargo. ¿Cuáles son los asuntos del Padre? Son *asuntos* y *gloria* de Dios, sobre todo, hombres y mujeres, y por tanto la justicia, y por tanto la paz y la libertad para todos los hijos del hombre.

Porque Dios viene, pero viene a través de los rostros de quienes están cerca de mí, vienen en su ofrenda de amor, en su petición de afecto, en la petición de ayuda en su vejez, en su enfermedad, incluso en sus defectos, quizá incluso en sus pecados. Tocamos suavemente a Dios y él nos toca en nuestras casas por el misterio que habita en el prójimo.

Doble peregrinación: hacia Jerusalén y hacia Nazaret. Jerusalén, que dice: «Amarás al Señor tu Dios con todo tu corazón»; Nazaret que dice: «Amarás a tu prójimo como a ti mismo». Peregrinación hacia el templo que advierte: «No solo de pan vive el hombre»; peregrinación hacia la casa que reza: «Danos hoy nuestro pan de cada día».

Saber unir Nazaret y Jerusalén, lo cotidiano y lo eterno, los asuntos de Dios y mi gente, la crónica de la casa y el aliento de la gran historia donde el Espíritu ha desplegado sus alas.

Esta es nuestra santidad, la santidad de nuestras familias; unir Nazaret y Jerusalén hasta que sean el mismo lugar: lugar de Dios y lugar del corazón.

La pareja como profecía

«Bajó y fue con ellos a Nazaret». Jesús deja el templo y los doctores y va con María y José, que son maestros de vida; deja a quienes interpretan los libros y va con quienes interpretan el secreto de la existencia.

Regresa al lugar, a la casa, donde reside el primer magisterio, el magisterio de la familia, más importante todavía que el del templo, más importante que el de la Iglesia. Porque es por la puerta de casa por donde salen los santos o los pecadores, los errantes o los que serán luz para muchos.

María y José, la pareja de Nazaret, son los primeros profetas para Jesús, son su principal profecía, la que comienza a desvelar, si podemos decirlo así, Dios a Dios. En su condición de pareja, en su alianza para la vida, en su vida de amor y de entrega, son imagen semejante, cuentan con su vida los rasgos más importantes y bíblicos del rostro de Dios.

Toda pareja es profecía de un Dios que difunde vida. Responsabilidad grande, pero fácil, porque no se trata de hacer cosas grandes: se trata, simplemente, de vivir el amor y la entrega.

«Y les estaba sumiso». Jesús se somete a los que no le comprenden. Declara su separación: «Yo tengo otro Padre», pero se somete a sus progenitores. Escoge el modo de crecer propio del ser humano, el crecimiento a través de los diálogos y las cosas hechas juntos, a través incluso de la falta de entendimiento y obediencia mutuas.

Esto sirve de consuelo para todas las limitaciones de nuestras casas, capaces de hacer crecer en sabiduría y en gracia a todos los que habitan en ellas con verdad y amor.

Se puede crecer en sabiduría y gracia también estando sometidos a los límites de otros, a los límites de mi marido, de mi padre, de mi mujer, a su ritmo. Se puede crecer en sabiduría también sometidos a la falta de comprensión y al no ser entendidos. Esto puede ocurrir porque cada uno de nosotros es mucho mayor que sus problemas, porque nadie se identifica con sus límites.

Mi padre, mi madre, mi esposo, mi esposa, mi hijo, no son sus defectos, sino que en ellos habita el misterio, en ellos habitan los asuntos de Dios; más aún, son ellos mismos asuntos de Dios. Es el misterio el que se abre camino a través de las dudas, las dificultades, las reflexiones, la escucha mutua.

El arte de vivir

Lo que Jesús aprende en la casa de Nazaret sobre las cosas, sobre el trabajo, sobre las relaciones, es el saber de la vida. En su casa recibe y elabora el sentido de la vida, como algo bueno por lo que optar y a lo que dedicarse.

Aprende a sentir la vida como una voz que llama, una voz profunda, fuerte y buena. A explorar el paisaje de las relaciones, para construir historias de comunión y de servicio.

La confianza esencial nace de la casa natal, allí es donde se experimenta, allí es donde se deposita en el corazón como el germen de una visión en la que la vida se percibe como un bien, como algo bueno, donde vivir es vivir en la alegría.

En esa casa se transmite y se elabora el arte de vivir, en la dulzura de los gestos, en la inmediatez, en la espontaneidad, en la relevancia que adquieren los sentimientos. Se ha dicho muy acertadamente que el arte de vivir está en saber acoger con maravilla y asombro lo cotidiano, en hacer las cosas habituales como si fuese la primera vez y, quizá, la última; en convertir lo ordinario en extraordinario.

El arte de vivir es también el arte de pensar, el arte de la profundidad. «Su madre guardaba todas estas cosas en su corazón». Guardaba la palabra de Dios, la palabra no comprendida, las semillas sembradas sin florecer. Allí mantiene el corazón meditando, guardando, protegiendo. El don de pedir a Dios es el de ser reflexivos, el de no detenernos en la incomprensión, el don de ir más allá, o al menos de intuir que hay un más allá.

La verdad es que vivimos la vida precipitadamente y de manera superficial; y así se nos escapan un montón de fuentes de sentido y de felicidad. Si fuésemos capaces de llenar de luz, de ternura, de generosidad, la realidad que nos salen al encuentro desde el gris cotidiano, nuestra vida de todos los días sería transformada, transfigurada.

Y, así, la comensalidad cotidiana con las personas que nos honran con su amistad y su afecto, la hermosa espontaneidad que envuelve el hogar, la familiaridad y la intimidad producirán entonces una dulzura que se extenderá sobre el rostro de las cosas.

Una vida bella

La casa y la familia son la tierra prometida, el País donde «manan leche y miel...», el lugar donde vivir en la alegría, donde echar raíces firmes, para poder abrir de par en par, sin miedo, ventanas ávidas de luz a los grandes vientos del mundo y de la historia.

La vida de Cristo era la vida bella, buena y feliz.

Una vida buena porque era obediente al amor, capaz de mansedumbre y misericordia, capaz de pasar por el mundo haciendo solo el bien (cf He 10,38). Una vida buena porque se convirtió en una existencia en la coherencia, una casa edificada sobre roca, raíz arraigada en tierra buena, viaje con un rumbo y una meta.

Una vida bella, humanamente bella, porque en ella encuentra su lugar la amistad, el encuentro con los demás, la mesa del banquete, el descanso, la alegría compartida, la capacidad de alabar, de maravillarse, una luz que contagia Pedro cuando tartamudea: «Qué hermoso es estar aquí contigo, con tus amigos». La belleza es la fuerza del corazón, crea comunión, deja libre, hace nacer a las personas que buscan, las hace semejantes en el corazón a aquel a quien buscan.

La vida no avanza por medio de coacciones, por una serie de prohibiciones u obligaciones, sino por pasión. Y la pasión florece a partir de una belleza intuida, vislumbrada, saboreada; de gestos y palabras, de sentimientos y actitudes capaces de robarte todavía el corazón y conquistarlo, o al menos *con-vencerlo*. El Evangelio huele a pan, a manos, a huso, a madera. A Nazaret.

Una vida feliz, que colocará en el corazón del Evangelio nueve caminos de felicidad, nueve bienaventuranzas; que pondrá en el centro de la religión lo que ocupa el centro de la vida: el amor.

En los treinta años que pasó en Nazaret, Jesús aprendió el amoroso cuidado por los detalles más pequeños de las personas que amaba, allí entendió la infinita atención que presta Dios a lo infinitamente pequeño («ni un cabello de tu cabeza se perderá» [Lc 21,18]), la atención amorosa al otro, para quien nada de lo que pertenece a la persona amada es insignificante. El Evangelio ya estaba teniendo lugar en esa casa.

El reto de lo cotidiano

Treinta años. No solo la alegría y la carga, sino también el transcurrir tranquilo y perseverante de la vida cotidiana, cuando la maravilla del comienzo pasa por el precio de la fidelidad. La casa de Nazaret es el lugar de la fidelidad. Además, en toda la Biblia, la fe humana se expresa como fidelidad. La esperanza se expresa como fidelidad perseverante y activa.

La «vida juntos» se convierte no tanto en el sueño esperado, pero necesario, sino en un desafío: el de construir una comunión capaz de comprender la diversidad. La promesa contenida en el encuentro original se convierte de verdad en la prueba de la durabilidad, afrontando el reto del tiempo que pasa, y la prueba de la fidelidad.

La mayor parte de su vida, durante los treinta años que pasó en Nazaret, María dio prioridad a la relación con la humanidad de Jesús, y no con su predicación. María estuvo en relación con la carne de Cristo, más que con sus ideas.

Así le ocurrió a Francisco de Asís. ¿Quién habló con él? El crucifijo de san Damián, el niño de Greccio. Le habló la humanidad del Salvador, hasta tal punto que Francisco recibió en su propia carne los estigmas de la carne de Cristo; le habló su historia como hombre, su humanidad, que la teología había olvidado pero que estaba presente en la espiritualidad.

Solo la vida de Jesús, su humanísima vida, es la interpretación rigurosa, fiable, de su doctrina. Su revelación es una vida que se entrega hasta el

extremo. La casa de Nazaret nos acompaña entonces a ese sustrato primario que da sentido y pers-
pectiva a la doctrina, a la carne que es la casa del
Logos, el cuerpo de Jesús. Toda criatura humana es
un cuerpo que habla de un corazón, de sus raíces. El
cuerpo es el lugar donde se narra el corazón. Así, en
la casa donde residió treinta años, de los gestos de
Jesús aprende el corazón de Dios. En lo cotidiano se
resume lo infinito.

La identidad profunda de cada uno se desvela en
lo ordinario, se constituye en el hacer las cosas que
han de hacerse. Pero en hacerlas de cierto modo.
Porque no importa lo que hacemos, sino cómo lo
hacemos. Puedes ser diputada o ama de casa, puedes ser profesor universitario o campesino, no importa lo que hagas, sino cómo lo haces, con cuánta
honestidad y pasión, con cuánta intensidad y con-
vicción, con cuánto amor haces las cosas; puede
que esto no salve al mundo, pero lo hace mejor, y
el mundo pertenece a quien lo hace mejor, a quien
lo deja, cada tarde, un poco mejor y más bonito que
cuando se lo encontró.

En el Evangelio hay personajes que no tienen
nombre, personajes en la penumbra que aparecen
un instante y luego, de pronto, desaparecen en el
anonimato de lo cotidiano.

Son, por ejemplo, quienes ponen el asno a disposición de Jesús (Mc 11,2), quienes en la calle se fían de los dos discípulos que sueltan al animal (Mc 11,6), la familia que está tras la puerta junto a la que está atado el asno (Mc 11,4), que representa a todos los humildes servidores del Reino que viven experiencias ordinarias y sencillas, en casa y en el trabajo, que no hacen nada sublime, sino que se limitan a hacer lo que hay que hacer. Y lo hacen con generosidad: «De acuerdo, llévatelo»; lo hacen con el corazón en la mano –como se decía en alguna ocasión–; están en el lado de la confianza y no del miedo. Y nunca alardean.

¡Cuántas de estas personas siguen viviendo aún en nuestra ciudad, en mi edificio, en mi propia casa! Y la Iglesia camina, el Reino avanza montado sobre los asnos de estas personas, no entre humos de incienso; no entre grandes multitudes, sino a hombros de una santidad invisible, de muchos que quizá ni siquiera sepan que son buenos. Estas personas son las que el Señor necesita. ¡Qué hermosa es esta palabra: «El Señor necesita»!

Dios me necesita, necesita lo poco que tengo, mi asno, mis horas pasadas haciendo bien lo que debo hacer, necesita mis gestos humildes, mi confianza.

Y un corazón generoso. Necesita que le deje hacer,
que le deje actuar en mí.

Te doy gracias, Señor,
porque vienes montado en un asno
y no sobre querubines,
vienes en humildad, no en grandeza.
Vienes envuelto en pañales,
no en la armadura de un guerrero,
vienes en un pesebre,
no en las nubes del cielo,
en los brazos de tu Madre,
no en el trono de tu majestad.
vienes montado en un asno,
no sobre querubines
vienes hacia nosotros, no contra nosotros,
vienes a salvar, no a juzgar
a visitarnos en paz
no a condenar con furia.
Si vienes así, Señor Jesús,
en lugar de huir de ti correremos hacia ti.

Pietro di Celle

Índice

OTROS LIBROS DEL AUTOR:

DIEZ CAMELLOS ARRODILLADOS
La oración experiencia y encuentro
Ermes Ronchi – 196 páginas

¿Qué es la oración? La oración es ese espacio que permite al olvido dar paso al encuentro. El autor nos va a conducir, a través de una oración renovada, al encuentro con Jesús, quedando así inundados de una vida nueva.

EL DESAFÍO DE CREER HOY
Ermes Ronchi - 160 páginas

Este libro es una verdadera joya, en la que están engarzadas dos piedras preciosas de inestimable valor, que pueden dar sentido y plenitud a nuestras vidas: el encanto y la belleza de la fe y la esperanza.